$L\overset{27}{\underset{n}{}}$ 1995.

PRÉCIS

HISTORIQUE

SUR LE Cte DE VAIR,

Commandant les Volontaires de l'Armée.

PAR UN MAJOR DE CAVALERIE.

Pourquoi nous renfermer dans l'usage de ne célébrer après leur mort que ceux qui ayant été donnés en spectacle au monde par leur élévation, ont été fatigués d'encens pendant leur vie ?
VOLT. Elog. Fun. des Offi.

À RENNES,

M. DCC. LXXXII.

Avec Permission.

ÉPITRE DÉDICATOIRE.

A LEURS ALTESSES SÉRÉNISSIMES,

MESSEIGNEURS

Les Ducs de V*** de M*** & Comte de B***,

Messeigneurs;

Les grands exemples héréditaires dans toutes les Branches de la première des Maisons Souveraines, la surveillance éclairée des augustes Auteurs de vos jours, les excellentes leçons de vos sages Instituteurs, doivent accélérer le développement heureux des hautes qualités que la France a droit d'exiger de ses Princes, & dont la nature vous a donné le germe.

Imbus de bonne heure des obligations de l'humanité dans toutes les classes, instruits des lumieres & des services que la Patrie attend de vous, appellés par votre naissance au commandement des Armées, vous étudierez un jour, Messeigneurs, ce grand Art que la Philosophie rejette comme moyen de destruction, qu'elle révere comme moyen de conservation, l'Art profond & brillant qui procura la Victoire de Montcassel (*) & la Conquête de Lerida (**). Et dans l'âge où vous apprendrez les noms chéris & les exploits immortels des deux Généraux qui remporterent ces glorieux avantages, les connoissances historiques & morales que vous ne manquerez pas d'acquérir en même-temps, vous convaincront qu'aucun éloge ne les auroit plus flattés que celui qu'a reçu de nos jours le Prince Henri de Prusse: HÉROS HUMAIN, QUI DÉTESTE LA GUÉRRE, ET QUI LA FAIT SUPÉRIEUREMENT.

Vous ne pourrez ignorer non plus, Messeigneurs, que l'incorruptible postérité juge les hommes indépendamment de leurs titres; qu'elle porte un examen févere sur chacun de

(*) 1677.
(**) 1707.

ceux qui ont brillé par le rang, la puissance ou la réputation. C'est elle qui a dit que les Armées Françoises eussent été mieux conduites non-seulement par le Lieutenant-Général Feuquieres, mais par le simple Mestre-de-Camp Folard, que par ces Maréchaux qui remplirent l'Italie, la Flandre & l'Allemagne de leurs trophées, à la maniere dont Aratus remplissoit des siens tout le Péloponese. Encore le sage Polybe vous apprendra-t-il, MESSEIGNEURS, que le Chef des Achéens rachetoit ses défaites par des qualités que n'eurent point la plupart de ces Hommes de Cour qui se crurent des Hommes de Guerre ou des Hommes d'Etat. C'est la postérité, MESSEIGNEURS, qui répand le plus beau lustre sur ceux qui ont annobli par leurs vertus, leurs actions ou leurs talens, des emplois inférieurs ou obscurs, tandis qu'elle couvre de ténebres épaisses la mémoire de celui qui n'aura pas justifié par son mérite le hasard ou la faveur de son élévation.

L'Officier dont j'ose dédier l'Histoire à vos Altesses Sérénissimes, fut arrêté presque au début de sa carriere, par une mort digne de le conserver dans le souvenir du Militaire François, quand même la plus noble partie de lui-même ne vivroit pas encore dans un livre utile de sa composition. Son éloge fut souvent prononcé par le Vainqueur de Sundershause, de Corback & de Berghen, proportionnellement & à peu près (autant que la comparaison peut s'admettre), comme celui d'un simple Pasteur (*) vient de l'être par un Prélat éloquent. De tout temps les grands Généraux ont reversé quelque parcelle de leur gloire sur les Coopérateurs subalternes qui ont le mieux exécuté leurs plans & eurs ordres.

Quand le jour sera venu, MESSEIGNEURS, où vous me ferez l'honneur de me lire, je désire vivement que cette Epitre, qui ne seroit jamais assez courte aujourd'hui suivant la forme, ne vous paroisse pas alors trop longue, même quant au fond. Vos bontés encouragent mes efforts; vos cœurs reconnoîtront mes intentions; votre esprit m'accordera de l'indulgence. Un bienfait insigne de Monseigneur le Duc d'O***, dont l'ame n'est pas moins élevée que sa

_____

(*) Oraison Funébre du Curé de S. André-des-Arcs, par M. l'Evêque de Sénez.

naiſſance, m'a pénétré, MESSEIGNEURS, du devouement le plus pur & le plus ſincere pour ſon Auguſte Perſonne, & pour tout ſon Sang. Daignez agréer l'hommage public que je prends la liberté de vous rendre, comme l'aſſurance inviolable des ſentimens que j'ai cru les plus dignes de vous être offerts, comme le gage d'un zele auſſi exempt d'adulation que de tiédeur. Les Princes qui goûtent la vérité s'honorent encore plus que les Particuliers qui la diſent. Heureux ceux dont elle fait l'éloge de leur vivant! mais leur modeſtie m'ordonne le ſilence.

Je ſuis avec un très - profond reſpect,

MESSEIGNEURS,

De vos ALTESSES SÉRÉNISSIMES,

Le très-humble & trés-obéiſſant Serviteur, C. G. T***

Décembre 1781

In hominum genere nulla melior eſt natura, quàm eorum, qui ſe natos ad homines juvandos, tutandos, conſervandos arbitrantur.

CIC. I. Tuſc.

AVERTISSEMENT.

A la tête d'un Opuscule de ce genre, nous croyons pouvoir transcrire les dernieres pages d'un livre que nous publiâmes en 1772, sur plusieurs articles de Littérature, d'Histoire, de Politique, de Morale & de Guerre.

NOUS avons conseillé l'étude & l'instruction en général aux Militaires, sans prétendre les assimiler à ce Gouverneur impertinent & ridicule, qui, suivant le rapport du Chevalier de Folard, passoit à des conversations Rabbiniques le temps qu'il auroit dû employer à mettre sa place en état de défense.

Nous avons loué Périclés comme Homme de Lettres & Général; mais nous avons gardé le silence sur sa politique, qui marquoit plus l'activité de son génie, l'habileté de ses talens & l'étendue de son ambition, que la droiture de ses lumieres, la bonté de ses ressources, & la pureté de ses intentions. Voyez les *Observations sur les Grecs*, par M. l'Abbé de Mably, dont tous les ouvrages respirent la sagesse & l'humanité, quoique dans celui-ci, comme dans les *Entretiens de Phocion*, il n'ait peut-être pas assez respecté la mémoire du Législateur d'Athenes.

Nous avons cité Lucullus comme un exemple frappant de ce dont est capable un esprit supérieur, aidé de la seule Théorie. Mais cet exemple est très-rare, & nous en fournirions mille de bons Généraux formés par la seule expérience. Si le premier est fait pour exciter l'émulation & l'admiration, il n'autorisera jamais ces airs insoutenables de suffisance & de présomption, avec lesquels de jeunes apprentifs, à peine revêtus de l'uniforme, osent, dès qu'ils ont feuilleté un Auteur Militaire, & vu exécuter un quart de conversion, parler, décider, trancher sur les questions les plus épineuses, sur les matieres les plus délicates de leur état. Plusieurs raisonnent & se conduisent d'une maniere aussi contraire à la politesse qu'au sçavoir: & la vaine parade qu'ils font de leur demi-science attire bien des calomnies & d'injustes procès à la véritable instruction.

Qu'ils apprennent donc que la Théorie & la Pratique sont les deux yeux de la guerre, & que celui qui manque de l'un ou de l'autre ne peut faire que des observations imparfaites, & donner que des préceptes peu surs; qu'à plus forte raison de jeunes aveugles, tels qu'ils sont encore, doivent se défier infiniment d'eux-mêmes. On sçait qu'un Militaire distingué a écrit qu'il confieroit plutôt l'exécution d'une entreprise à un jeune Théoricien studieux qu'à un vieux Guerrier qui n'auroit que la routine. On n'ignore pas non plus que le Maréchal de Lowendal consultoit souvent à Berg-op-zoom un Officier qui voyoit son premier siége. On n'oublie pas enfin que les Livres de M. Guischard ont été payés d'un Régiment par ce Roi Général, Ecrivain & Législateur, duquel on a dit comme de César, *eodem animo scripsit, quo debellavit*. Mais on n'en doit pas moins souscrire à ce passage, tiré des *Elémens Militaires*, de M. Cugnot,

(Tom. fecond, no. 210,) « Les progrès que l'on fait dans un Art
» par la Théorie, font plus rapides & plus brillans; ceux que l'on
» fait par la Pratique font plus lents, mais plus folides.... Les Offi-
» ciers qui n'ont que de la pratique ne font bons ordinairement
» que pour les détails; ceux qui n'ont vu que des livres réuffif-
» fent rarement, même dans les plus petites chofes ».

Difcite juftitiam moniti. VIRG.

Machiavel a donné d'excellens préceptes fur un art qu'il n'a point
exercé. Ainfi l'avoient pratiqué Elien chez les Grecs, & Végece
dans l'empire Romain; ainfi de nos jours & chez nous M. Andreu
de Biliftein, fans avoir fervi, a publié des *Inftitutions Militaires*,
dans lefquelles les connoiffeurs ont trouvé plus d'une vue neuve &
utile, plus d'une idée ingénieufe & jufte, plus d'une obfervation
vive & lumineufe. M. l'Abbé Deidier nous a facilité l'intelligence
des combinaifons de Pagan, Cohorn & Vauban, comme M. d'Origny,
Chevalier de Saint Louis, nous a facilité depuis la connoiffance
des Antiquités Egyptiennes. Monfieur Rollin, qui peut-être
n'avoit jamais vu ni places fortes ni troupes fous les armes, a traité
pertinemment l'article de la Science militaire, fans autre fecours
que celui des bons confeils & des lectures choifies & bien digérées.
Ceux qui ont juftement loué le Magiftrat de Douay, lequel dans
un temps de crife confeilla l'attaque de Denain, auroient pu nous
reprocher le défaut, mais non le genre de fpéculations que nous
fîmes nous même, lors d'une crife d'une autre efpèce, fur un état
abfolument étranger au nôtre.

Cicéron, qui fauva fa patrie, comme Conful & comme Orateur,
n'a-t-il pas établi, démontré, dans fes écrits comme dans fa conduite, la connexion de tous les Arts, de toutes les Sciences? Cependant, Jeune Obfervateur, gardez-vous de prononcer témérai-
rement entre les anciens & les nouveaux fyftêmes; défiez-vous en tactique & en fortification, comme en Politique & en Philofophie, de
toute opinion exclufive; & fongez qu'en tout genre, l'éclectifme,
c'eft-à-dire la liberté de modifier & de choifir, eft peut-être le meilleur parti. Par le foin avec lequel vous donnerez à chaque chofe
que le degré d'importance qui lui convient, en évitant l'ennui
des lieux communs, les paradoxes outrés & révoltans, le ton dog-
matique & impérieux, vous vous fouftrairez à la critique fenfée
que M. le Chevalier de Châtelux fait des hommes plus avan-
tageux qu'inftruits, lefquels fe mêlent d'écrire fur leur métier,
au lieu de le faire. Mais lorfque vos feuilles gémiront fous la preffe,
ne croirez-vous pas, s'il m'eft permis de jouer fur le mot, preffen-
tir des gémiffemens pour vous même, & ne ferez-vous point frappé
comme de l'éclair, en relifant ce paffage de l'*Art de la Guerre* du
Maréchal de Puyfégur. « Lorfqu'on eft dans les emplois inférieurs
» & qu'on veut mettre au jour les connoiffances qu'on a acquifes,
» on trouve parmi fes Supérieurs nombre de gens qui s'en offen-
» fent. La modeftie alors & les égards qu'on doit aux perfonnes de
» mérite, d'ailleurs élevées en dignités, impofent filence; ceux qui
» voudroient le rompre ne s'en trouvent pas bien ».

EXTRAIT

D'UN MANUSCRIT INTITULÉ:

NOTICE SUR M. LE Cte DE LA NOUE DE VAIR.

Et qui fecére , & qui facta aliorum
scripsére , multi laudantur. Salluft.

STANISLAS-LOUIS DE LA NOUE , des Comtes DE VAIR , filleul du feu Roi de Pologne, Duc de Lorraine, & de la Reine fon époufe, nâquit au Château de Nazelles, prés Chinon en Touraine, le 11 Août 1729. Il étoit le cinquieme de fix freres, qui tous, à l'exemple de leurs Ancêtres, ont fervi l'Etat avec diftinction. Nous renvoyons à la note (1) quelques détails généalogiques, qui pourront accommoder certains Lecteurs, & que les autres feront libres de paffer.

Quoique le Comte de Vair n'eût pas befoin d'Aïeux, on ne fauroit dire que l'énergie ou l'élévation de fon caractere ne reçût aucun foutien de cet avantage ou de cette opinion de naiffance abfolument inhérente à la conftitution des Sociétés policées , & fur-tout d'une grande Monarchie. C'eft une forte de patrimoine non moins facré que toutes les autres branches de la propriété. C'eft la fource la plus pure d'une émulation précieufe entre les différens Ordres , dont elle excite les talens fans en opérer la confufion. S'il faut avouer que cette inftitution antique & refpectable eft quelquefois le fujet d'une envie puérile, d'une morgue pitoyable, ou d'une vanité ridicule, ne doit-on pas convenir auſſi qu'elle devient réellement un nouveau motif de conſtance & de dignité, de patriotiſme & d'honneur, un véhicule de plus au bien dans la plupart des Gentilshommes ? Celui dont nous parlons étant nourri des bons principes héréditaires dans ſa famille, n'en fut que mieux & plutôt en état d'imiter les hommes ſupérieurs, qui d'eux-mêmes ont refait & perfectionné leur premiere éducation. Entré dès l'âge de douze ans au Régiment d'Enghien, il y fit les Campagnes de Bohême, de Baviere & de Flandres, & fut préſent à preſque toutes les expéditions de la guerre de 1741. Il ſe ſignala dans pluſieurs actions, entr'autres aux Siéges de Fribourg, Mons, Namur, Charleroi ; aux journées de Raucoux & de Laufelt. Ce fut à cette derniere qu'un coup de feu lui perça les deux jambes au moment où, l'arme d'une main, la pioche de l'autre, il aidoit ſes Soldats à détruire une haie.

Cette bleſſure ne lui permit pas de faire la Campagne de 1748, année pendant laquelle il fut fait Capitaine. Son zele pour le ſervice & pour l'inſtruction lui firent mettre à profit les années qui s'écoulerent juſqu'à la guerre de 1756. Entre mille exemples, tant anciens que modernes, de la compatibilité de l'Etude & des Armes, il en avoit ſous les yeux un d'autant plus frappant qu'il étoit domeſtique. L'Illuſtre la Noue-*Bras-de-fer*, Auteurs des *Diſcours Politiques & Militaires*, étoit, on le ſait, l'un des meilleurs Généraux & des plus vertueux Sujets de Henri IV. Animé du généreux déſir de ſe montrer le digne arriere-neveu de ce Héros, le Comte de Vair conſacra

fes courts loifirs à la lecture des bons Auteurs,
à l'étude des actions des plus grands Capitaines,
à la méditation de leurs principes. Nouveau
Thémiftocle, leurs trophées troubloient fréquemment fon fommeil. De ce travail fi noble, réful-
tèrent les réflexions qu'il nous a tranfmifes dans
fon Ouvrage imprimé pendant l'hiver de 1759 à
1760, fous le titre de *Nouvelles Conftitutions
Militaires, avec une Tactique adaptée à leurs principes.* Des confidérations très-fortes fufpendent
le projet que nous avions d'abord formé d'en
publier l'analyfe à la fuite de ce Précis de la
Vie de l'Auteur. Cela nous auroit conduit à
difcuter les derniers fyftêmes de Tactique, finon
avec autant de profondeur, du moins avec autant
d'impartialité que le Philofophe Bayle examinoit
des Controverfes de Métaphyfique. De plus,
ayant configné, dans un autre Ecrit, la partie la
plus remarquable de nos foibles idées fur cette
louable production, ne fuffira-t-il pas ici d'obfer-
ver que M. de Vair avoit bien les connoiffances
& le génie, mais que le repos & les années lui
ont manqué pour ajouter à la juftesse & à la
fol¹dité de fes maximes, dont plufieurs très-lu-
mineufes, à la noblefse & à la pureté de fon
ftyle, enfin à l'évidence & à l'exactitude de fes
calculs.

La Guerre de 1756 rappelloit à la pratique
les fpéculations du Comte de Vair. Trop avide
de gloire pour fe borner au fervice que rend
un Officier qui refte à fes Drapeaux, il demanda
au debut de la Campagne de 1757, & obtint
de M. le Maréchal d'Eftrées, la grace de marcher
aux Volontaires commandés par M. d'Anfernet.
Ce Chef eftimable diftinguant bientôt les talens

du jeune Comte, lui confia le commandement en fecond de fa Troupe de 300 hommes. Il juftifia, dans cet emploi, la bonne réputation qui le lui avoit procuré. S'étant trouvé, fur la fin de la Campagne, aux ordres de M. le Marquis de Perreufe, Commandant à Harbourg, cet Officier-Général lui permit de former une Compagnie de 80 Volontaires pris fur toute la Garnifon. Pendant trente-deux jours que dura le fiége ou blocus de cette mauvaife place, il coucha toutes les nuits fur les remparts, il fit des forties continuelles & prefque toutes heureufes, il eut fon habit criblé de balles, & ne montra pas moins de fenfibilité que de courage dans les larmes qu'on lui vit répandre fur la mort d'un bon Sergent tué à fes côtés. Je regrette bien de ne pas découvrir le nom de ce brave Homme.

Sur la fin du fiége, les ennemis abuferent de la fécurité qu'une fufpenfion d'armes infpiroit au Comte de Vair, pour le faire prifonnier, fous prétexte qu'il les obfervoit de trop près. Son ton de nobleffe & de fermeté en impofa au Général Hardenberg, qui le renvoya le lendemain. Rentré dans Harbourg, il témoigna la plus amere indignation contre le projet de rendre la place, avec la claufe de ne point fervir de la guerre. Il lui fallut néanmoins fubir le fort général, quoiqu'il eût refufé de figner la Capitulation. Au refte, en approuvant cette valeur exaltée du jeune Comte, ne blâmons pas la conduite du Marquis de Perreufe, qui ayant épuifé tous les moyens de défenfe, & menaçant les ennemis de s'enfévelir fous les ruines du Château, avoit obtenu les honneurs de la guerre qu'ils vouloient lui refufer. Le trop grand éloignement de l'Armée Françoife, ou l'ignorance de fa pofition, & l'exaĉt inveſtiſſement des Hanovriens, l'empêcherent, fans doute, de renouveller le ſtratagême de Péry, dont l'heureuſe évafion couronna fa belle défenſe à Haguenau, en 1705.

L'étude, reſſource des bons efprits, vint de nouveau remplir les momens que M. de Vair ne pouvoit donner à fa profeſſion. Ses fervices ne furent pas oubliés. Il reçut la Croix de S. Louis à vingt-neuf ans. Après la Campagne de 1758, il fut échangé, par la protection de M. le Maréchal-Prince de Soubife, & l'entremife de M. le Marquis d'Armentieres, auprès de M. le Prince Ferdinand de Brunfwick.

Le premier ufage de fa liberté fut de fe rendre à Francfort fur le Mein, auprès de M. le Duc de Broglie, dont le certificat refpeĉtable fert de preuve à la Notice que j'analyfe. Le Général reconnut fon zele, & lui confia bientôt une Troupe de trois cens Volontaires. Ce commandement lui procura de nouvelles occafions de gloire qu'il ne laiſſa pas échapper. A l'importante journée de Berghen, (13 Avril 1759,) il fufilla dès la pointe du jour, dans un bois qui couvroit un des flancs de notre armée, & renforcé de deux Compagnies de Grenadiers, il parvint à s'y maintenir contre des forces très-fupérieures jufqu'à la décifion de la Viĉtoire.

Continuant à fe montrer dans toutes les circonftances avec la même diftinĉtion, le Comte de Vair fut chargé de couvrir la retraite de la réferve de M. le Duc de Broglie, après la bataille de Minden, perdue le premier Août de cette même année 1759, qui, malgré fon brillant début, fut de toutes parts prefqu'aufli funefte à la France que l'avoit été celle de 1706, dans la derniere Guerre de Louis XIV. La célérité avec laquelle il gagna les sommités escarpées des Montagnes, qui forment la gorge de Minden, força les ennemis d'abandonner les postes qu'ils commençoient à y prendre. La nécessité d'abréger nous force de sacrifier beaucoup d'autres détails intéressans, entr'autres son cantonnement à Vetzlar, d'où il ne cessa d'inquiéter les ennemis. Deux fois par ses mouvemens il leur fit détendre la droite de leur camp. Passons à la Campagne de 1760.

M. le Maréchal de Broglie, avoit établi son Quartier-Général à Francfort le 15 Janvier. Six semaines après, il envoya le Comte de Vair dans le pays de Fulde, à la tête de huit cens Volontaires, subordonnément à M. le Comte d'Apchon, qui commandoit en cette partie. Le jeune Partisan s'y trouva souvent en opposition avec M. le Baron de Luckner, actuellement au service de France. Ses manœuvres devant cet habile Général, forment peut-être la plus belle partie de sa gloire. (2).

Une particularité très-digne de remarque dans la maniere dont le Comte faisoit la petite guerre, c'est que s'il tiroit des contributions en denrées, il payoit toujours les subsistances destinées à sa consommation particuliere. Jamais non plus il ne fit valoir le droit ou l'usage qu'ont les Commandans des Troupes Légeres, de participer aux captures. Il engageoit ses Officiers à se conduire avec le même désintéressement. L'exemple des profits légitimes & même honorables du célebre Villars, qui ne s'en permit jamais que sur les Ennemis de l'Etat, auroit eu moins d'empire sur

l'ame du Comte de Vair, que l'héroïque & sublime générofité de Bayard, de ce Chevalier
fans reproches, dont la Maifon fubfifte par les
femmes dans celle d'un Vice-Amiral vivant,
qui l'a plus d'une fois imité (3). Revenons.

M. le Maréchal de Broglie fatisfait des manœuvres du Comte de Vair, dans le pays de Fulde,
porta fon Détachement jufqu'à 1200 hommes
d'Infanterie, & 400 Cavaliers, Dragons & Huffards.
On lui propofa pour fecond M. de S. Victor. Moins
ancien Lieutenant-Colonel, il héfita d'abord à
l'accepter; mais ce digne Collègue, dont le zele
pour le fervice du Roi, ne calculoit pas le rang
d'ancienneté, infifta d'une maniere fi remplie de
déférence & d'eftime pour le Comte de Vair,
que celui-ci ceffa, par juftice & par honnêteté,
une réfiftance qui n'avoit eu d'autres principes
que cette même juftice & cette même honnêteté.
Ce cas étant, je crois, un de ceux où *parva
licet componere magnis*, j'oferai dire que M. de
S. Victor fous M. de Vair, me rappelle Vauban
demandant à fervir fous fes Cadets, ou le Maréchal de Boufflers foumis volontairement aux
ordres du Maréchal de Villars.

Au paffage de L'omm, à la marche du camp
de Neuftadt, à l'Affaire de Corback, à plufieurs
autres grandes manœuvres de l'Armée, le Comte
de Vair ne ceffa de fignaler fon intelligence &
fon intrépidité. Un jour qu'il exprimoit à M. le
Maréchal de Broglie fes regrets de ce qu'une
autre deftination l'avoit empêché de commander une attaque, *Vous vous feriez fait tuer*, lui dit
le Maréchal, *& un plus grand fuccès ne m'auroit
pas dédommagé de votre perte.* Ces encouragemens
propres à rappeller les beaux jours de la Cheva-

lerie Françoife, ces paroles confolantes & flats teufes étoient comme le préfage de ce qui devoit arriver bientôt.

Les Alliés fe campèrent à Saxenhaufen. Cette pofition étoit inattaquable de front; il falloit les tourner pour la leur faire abandonner. M. le Comte du Muy commandoit le Corps chargé d'attaquer le flanc droit. M. de Vair fit fon avant-garde. M. le Maréchal de Broglie parvint le 25 Juillet à dépofter M. le Prince Ferdinand. Ce fut dans cette journée que le Comte de Vair, faifant l'avant-garde de fon propre corps avec quatre cens hommes & deux pieces de canon, reconnoiffant & preffant l'arriere-garde de l'ennemi, fut accueilli par une moufqueterie très-vive (4). Sa Troupe éprouva d'abord quelque défordre; mais il la contint par fa grande fermeté, quoiqu'il eût reçu deux coups de feu dont un lui faifoit contufion au bas ventre, & l'autre lui cafloit le poignet droit. M. de Brécourt, Capitaine au Régiment de Navarre, le preffoit de s'aller faire panfer. Il répondit qu'il falloit voir cette affaire jufqu'au bout : puis envéloppant fon poignet dans un mouchoir, il continua de commander avec la même préfence d'efprit. La partie n'étoit pas égale. Le feu de l'ennemi augmentant de plus en plus, il fallut y céder. Ce fut en commençant la retraite après avoir mis fon artillerie en fureté, que le Comte de Vair reçut dans la poitrine un coup de canon, qui termina, à l'âge de 31 ans, une carriere, dont le glorieux début promettoit celle d'un grand homme de guerre. Son corps fut enlevé & enterré au village de Wisbeck, en Baffe-Heffe, fur le chemin de Wolfagen à Wolkmiffen. La nouvelle de fa mort circula

rapidement. L'expreſſion générale des regrets
qu'elle excita dans l'armée , & les larmes qu'elle
fit répandre à ſon Général furent le premier
éloge funebre de cet Officier. Sa réputation lui
en avoit préparé un ſecond à Verſailles. LOUIS XV
dit : « Je viens de perdre un homme qui ſeroit
» devenu le Laudon de la France » (5).

Le Comte de Vair habile à ſe concilier l'eſtime
& l'attachement de ſes égaux & de ſes ſupérieurs, ne
l'étoit pas moins à captiver l'affection du Soldat(6).
Sa diſcipline étoit grave ſans pédanterie, active
ſans inquiétude ni turbulence, ſtricte ſans minu-
ties , ferme ſans dureté , humaine ſans relâche-
ment , religieuſe (7) ſans bigotiſme. Sachant très-
bien que le Supérieur qui commande au-delà de
ſon pouvoir , manque autant à la ſubordination
que l'inférieur qui n'obéit pas ; il n'altéroit pas
la ſageſſe des Ordonnances par des interpréta-
tions arbitraires; il préſervoit également ſa Troupe,
& d'une oiſiveté pernicieuſe & d'une fatigue
inutile ; il l'occupoit enfin ſans la rebuter , &
ne parodioit pas des exercices néceſſaires, par
ces évolutions incertaines , par ces fauſſes manœuvres , qui , ſelon la judicieuſe remarque du
ſavant Maizeroi, ne ſervent qu'à déranger les
notions du Militaire, comme les mauvais Romans
à gâter l'eſprit de la jeuneſſe.

Ce n'eſt pas aſſez pour un Chef d'être l'inſ-
tructeur de ſes Soldats ; il doit en être le pere.
Imbu de cette grande vérité , le Comte de Vair
partageoit leurs travaux , ſoulageoit leurs beſoins,
entroit dans leurs affaires, les viſitoit pendant
leurs maladies , panſoit quelquefois lui-même
leurs bleſſures, & noble imitateur de nos plus
illuſtres Militaires ſavoit à merveille les conduire

par ce fublime point d'honneur national auquel il (8) n'a peut-être pas affez rendu juftice dans ce Livre de *Nouvelles Conftitutions*, qu'il n'eut pas le temps de porter à leur maturité. Dans une efcar-mouche un de fes Volontaires avoit été fabré fur la tête au point qu'aveuglé par le fang qui lui couloit fur les yeux, il fe retiroit du côté de l'ennemi au lieu de rejoindre les fiens. Le Comte pouffe fon cheval vers ce brave homme, au rifque de fe faire fabrer lui-même, le prend par la main, le ramene & fait naître parmi fa Troupe des mouvemens de fenfibilité & d'admiration qui n'en étoient pas moins vifs, quoique fou-vent excités par des actions analogues à celle-là. Dans un cas de befoin, il eut, fans héfiter, vendu fa vaiffelle pour fes Volontaires, comme Turenne le fit deux fois pour fon Armée. François ! en 1771, au fein de la paix, vous n'avez pas entendu fans attendriffement, l'Eloge hiftorique de ce jeune Beau-de-Mafcaron, propofé pour modele aux éleves de l'Ecole Militaire, enfeveli dans fes Lauriers au commencement du cinquieme Luftre, & déjà célébre au Service avant l'âge où la plupart y font entrés. Je n'ai pas les talens de fon Panégyrifte. Mais quel moment plus favorable que celui d'une guerre noble & jufte (9), pour retracer à votre fouvenir ces particularités mémorables d'un autre vaillant Compatriote mort au lit d'honneur à trente-un ans!

EXTRAIT D'UNE LETTRE DU CENSEUR.

J'ai lu cet Ouvrage avec le plus grand intérêt. Il plaira aux Gens de bien; il intéreffera des Familles refpectables. Les Militaires en feront leur profit, & le Patriotifme l'accueillera favorablement,

D. L. M. F.

AVIS

Sur les Notes suivantes & numérotées.

COMME ces Notes sont placées de maniere à ne pas interrompre le fil d'une premiere lecture du texte, l'Auteur prendra la liberté de causer familiérement, & à cœur ouvert, avec son Lecteur : il se permettra de mêler des effusions douces à des raisonnemens abstraits ; & plus rempli de son sujet qu'occupé de la tournure, il ne craindra ni les irrégularités ni les digressions. Sans avoir la stupide présomption de se comparer à Plutarque ou Montagne, puisse-t-il montrer quelqu'étincelle de leur grand sens, de leur bonhommie délicieuse, de leur naïveté sublime ! Puisse-t-il, malgré l'extrême éloignement où il se trouve de leur sagesse & de leurs talens, se faire pardonner, comme eux, le défaut de méthode & de concision !

Si le lecteur se choque de ces expressions sémées de loin en loin, *je crois, je me rappelle, si je ne me trompe*, on le prie de les excuser dans un Ecrivain qui privé, par les circonstances, des agrémens d'une vie tranquille & sédentaire, a rarement sous la main ses livres & ses extraits, & se voit par conséquent réduit à citer de mémoire. On pourroit à la vérité lui dire : *Produisez & ne citez pas*. Mais ces deux manieres sont-elles incompatibles ? La résurrection est-elle plus facile ou moins belle que la création ? A-t-on réfuté ceux qui, regardant l'une & l'autre comme également admirables, comparent une bonne pensée à la premiere, une heureuse citation à la seconde ? L'imagination n'est-elle pas le plus incertain, le plus trompeur des guides, sans le secours & le flambeau de la science ? Faute de la comparaison réfléchie des événemens & des causes, des sentimens & des faits, combien de productions languissent vuides & oiseuses, malgré les saillies, les scintillations d'esprit qu'on y voit briller (a) par longs intervalles, comme les éclairs dans une nuit profonde ! La veille de Fontenoi, on s'entretenoit au souper de LOUIS XV, de la Bataille de Taillebourg. O ! si la veille de Dettingue, quelqu'un eût cité Pavie à ce Lieutenant-général, dont la fougueuse imprudence nous arracha des mains une victoire certaine ! (b) Revenons :

La paresse prend quelquefois le masque du bel esprit, comme l'hypocrisie celui de la religion. Les Auteurs qui citent le moins, ne

(a) Le Philosophe Descartes, à qui l'on ne reprochera point d'avoir sacrifié la méditation à la lecture, ni le génie à l'érudition, disoit que la vérité même avoit souvent besoin de s'appuyer de l'autorité. Or, sans tomber dans le travers du *Magister Dixit*, ne peut-on pas dire que le suffrage ou la citation de certains Auteurs, est, aux yeux du Public, encore d'un plus grand poids que le crédit ou l'opinion d'un homme en place, ou d'un corps puissant ?

(b) Voyez notre *Lettre d'un François sur l'Histoire de France*, à l'occasion des vingt-six premiers volumes in-douze de MM. Velli, Villaret & Garnier ; avec cette épigraphe *similitudines comparat*. Celle que nous avons écrite directement à M. Garnier, sur les 27e & 28es Tomes qui forment le 14e in-Octavo, n'est pas encore imprimée & ne le sera peut-être jamais.

A

font pas ceux qui inventent le plus. La faine, la vraie Littérature autorife les compilations, fur-tout celles qui font faites avec goût, comme un emprunt toujours légitime & fouvent très-louable, tandis qu'elle repouffe toute efpéce de plagiat comme un larcin vil & criminel. Si malheureufement ce goût, cet à propos nous avoit manqué, du moins ferons-nous irréprochables fur la bonne foi d'avouer nos prêteurs, & de ne dérober à perfonne.

Les efprits équitables & judicieux ne taxeront pas d'une orgueilleufe & fotte manie, le parti que nous avons pris de nous citer auffi quelquefois nous-même. Ils y verront plutôt l'humble & fincere aveu que les paffages qu'on tente de remettre en lumiere, font tirés de livres, qui, tous confacrés à l'utilité publique, paroiffent condamnés, fans doute par la foibleffe de l'Auteur, à l'oppofé de la célébrité. Les fuffrages encourageans de quelques Gens de Lettres du premier ordre, ne nous ont convaincu que de leur indulgence, & pour nous confoler de la critique ou de l'oubli des autres, nous ne ferons pas illufion à notre amour propre par ce vers de Martial.

Pro captu Lectoris habent fua fata Libelli.

» Ton caprice, ô Lecteur, fait le deftin des Livres.

---

(1). LA Maifon de la Noüe, quelquefois orthographiée la Noe, eft originaire de Bretagne. *Page 7.* Moyfe Amirault, qui écrivoit, il y a cent foixante ans, en rapporte l'hiftoire depuis Guillaume, Chevalier vers 1200. On trouve encore antérieurement dans les Actes de Bretagne, Even & Garnier de la Noüe, mentionnés à la fondation de l'Abbaye de Montfort, en 1152. Les alliances directes de toutes les différentes Branches font avec les Bafoges ou Bazouges, Laval, Châteaubriand, l'Epervier, le Porc de la Porte-Vefins, Teligny, Goyon, Pierre-Buffiere, Bellengreville, Lauzieres-Themines, la Muffe, Cordouan, Lannoy-Lefdain, Saint-Georges-Verac, s. Simon-Courtomer, Liffeneuc, Jolli-Fromentieres, Rancher, la Barre, Cornullier, Saint-Pern, Botherel-Quintin, Maudet-la-Fonchais, Mouffy, Vieuxpont, la Rodde, Sadirac, de Fiennes, le Metayer, Mauvy, Pringle, Tremereuc, la Villeon, Bertho, du Bournay, Preffac, Langan, Geflin, & autres que nous pourrions omettre involontairement. On voit que ces noms, tous très-nobles, & dont plufieurs font par eux-mêmes des plus illuftres, donnent beaucoup de hautes confanguinités.

Le Comte de Vair étoit fils de René-François de la Noüe, mort Capitaine de Dragons au Régiment de la Reine, & de Marie-Magdeleine-Françoife de Fiennes-le-Carlier. Ses

Ses frères étoient 1. Gabriel-François, Chevalier de Saint-Louis, Colonel d'Infanterie, au service de France, puis Général-Major, Ministre-Plénipotentiaire & Chambellan de l'Electeur de Cologne, mort en Janvier 1779. 2. Joseph-Alexandre, aussi Chevalier de S. Louis, Capitaine-Aide-Major au Régiment de Cavalerie de Marcieu, tué le premier Août 1759, à la Bataille de Minden, où ce Corps fut tellement écharpé qu'il n'en revint gueres d'autres Officiers que le Chevalier du Bot, depuis Major de Royal-Pologne, où Marcieu fut incorporé. 3. Guillaume-Alexandre, mort en Février 1781, Abbé de S. Séverin, en Poitou, & Vicaire-Général du Diocèse de Meaux, ayant servi quatorze ans dans le Régiment d'Aumont, Cavalerie, avant d'entrer dans l'Etat Ecclésiastique. 4. Jean-Marie, Chevalier de S. Louis, Capitaine aux Grenadiers de France, puis Lieutenant-Colonel du Régiment Provincial de Soissons. 5. René-Joseph, Chevalier de S. Louis, ci-devant Colonel du Régiment Provincial de Soissons, aujourd'hui Mestre-de-Camp en second du Régiment Royal-Comtois.

Jacques de la Noue, leur grand-pere, Brigadier des Armées, convert de blessures (a), avoit pour freres, 1,

---

(a) Il est omis dans les *Fastes Militaires* de M. de la Fortelle, en deux volumes in-12, & dans la Chronologie Historique des Chevaliers de Saint Louis, publiée par M. d'Aspect, en trois volumes in-8o, qui comprennent les Listes de cet Ordre, depuis sa création en 1693, jusqu'aux Promotions de 1703. Mais dans l'Etat de la France pour 1708, tom. second, page 491, on le trouve parmi les Chevaliers de la nomination de 1700. Ce n'est pas à dire que ce dernier Catalogue soit fait avec la scrupuleuse exactitude qui manque presque toujours, même aux meilleurs de ces sortes de Recueils. Par exemple, pages 542 & 655, beaucoup de Lecteurs auront peine à deviner que *Viret*, Lieutenant-Colonel du Régiment Dauphin, Cavalerie, nommé Chevalier de S. Louis en 1705, est *Toustain-Viray*, des Comtes de Carency, Gouverneur d'Obernheim, dont une belle-fille & une niéce ont été décorées de la Croix-Etoilée, & dont les petits-fils sont 1o l'un des Maréchaux de Camp actuels de ce nom, ancien Mestre-de-Camp du Régiment de Cavalerie Royal-Lorraine; 2o Le Comte de Toustain, Brigadier, Colonel du premier Régiment des Chevaux-Légers, ancien Mestre-de-Camp en second du Régiment de Cavalerie de la Reine, après avoir été Lieutenant-Colonel d'une Brigade de Carabiniers; 3o & 4o, deux autres freres morts Officiers-Supérieurs au service, l'un desquels étoit Chambellan du feu Roi de Pologne, Duc de Lorraine, parrain du Comte de Vair.

Une raison qui ne nous paroît mériter ni dédain, ni louange,

Guillaume de la Noue, Capitaine de Cavalerie au Régiment de Montrevel, lequel étant paffé au fervice de Baviere, pour caufe de duel, y devint Feld-Maréchal-Lieutenant des Armées de l'Electeur. 2. Charles-Armand, Capitaine des Gardes & Gouverneur d'un Prince de Bourbon-Condé. Ce dernier, renommé par fa force & fa valeur, fut furnommé *la Mentonniere*, à l'occafion d'une action nerveufe que la Tradition nous a confervée. Il fuivoit M. le Duc dans une Campagne de Catalogne (je conjecture que c'eft en 1707). Ce Prince faifoit une reconnoiffance où il étoit tiraillé par les Miquelets. Un des plus hardis s'avance à la faveur d'une haie, & couche en joue M. le Duc. La Noue qui l'apperçoit, vole devant le Prince, & reçoit le coup qui lui caffé le menton. Sa bleffure ne l'empêcha pas de pouffer fon cheval fur le Miquelet qu'il tua d'un coup de piftolet, & dont il traîna le corps jufqu'auprès de M. le Duc, auquel il balbutia ces trois mots : *Monfeigneur, cy gît.*

Ce dévouement d'un François au fang de fes Maîtres, rappelle celui d'un Seigneur le-Sénéchal, qui, felon Sain-Foix, perdit héroïquement la vie en la fauvant de cette même maniere au Roi François Ier.

La terre de Vair dans la Paroiffe d'Anetz, au Comté Nantois, paffée par acquifition dans la Maifon de Cornullier, alliée de celle de la Noue, fut érigée en Comté l'an 1653, pour Charles de la Noue, Confeiller d'Etat, oncle de Pierre de la Noue, reçu Chevalier de Malte en 1662. Les Lettres-Patentes d'érection en affurent le titre à toute la poftérité de l'impétrant.

Outre le Colonel de Royal-Comtois, non marié, & fon frere, ancien Lieutenant-Colonel de Soiffons, établi à Nancy,

---

ni blâme, nous a fait citer ce nom tranfplanté de Norwege en Normandie dans le dixieme fiécle, célébre fous la Dynaftie Danoife, totalement François fous Philippe-Augufte, fidele à Philippe de Valois & à Charles VII, attaché de près à la perfonne du bon Roi Louis XII, Député de la Nobleffe vers François Ier, Louis XIII & Louis XIV, & comptant vingt-fix Sujets, tués ou bleffés au fervice de l'Etat, feulement entre la naiffance de HENRI IV & celle de LOUIS XVI. Nul vrai François n'apprendra ces particularités avec indifférence ou détraction. Tous remercieront M. le Comte de Treffan d'avoir configné dans un livre plus durable que cet Opufcule, l'anecdote prefqu'unique de quinze Guerriers de fa Maifon tués dans la même guerre, anecdote qui rappelle celle des Fabiens, *Celebrare domeftica facta.* HOR.

deux Branches fubfiftent. La premiere établie en Gafcogne, a pour Chef Claude-Jean-Baptifte-Jofeph, aîné de la Maifon, Chevalier de S. Louis, ancien Lieutenant-Colonel d'Infanterie, Commandant pour le Roi à Bagnere de Luchon & l'Ifle-Jourdain. Il a plufieurs fils au fervice ; & dans un acte du 26 Mai 1696, concernant l'émancipation de feu fon pere, qui fut depuis Lieutenant-Colonel du Régiment de Cavalerie la Ferronnaie, devenu Chabot, on trouve au nombre des parens les Rohan-Soubife, Rieux-Sourdéac, Vieux-Pont, Balzac-D'Illiers-D'Entragues, la Rocheaymon, &c.

La feconde Branche réftée en Bretagne fe divife en trois Rameaux, dont plufieurs rejettons décorés de la Croix de Saint Louis. Elle a pour Chef Guillaume-François-Marie, Seigneur de Bogar, Couefcouvrant, &c. fucceffivement Page du Roi à la Grande-Ecurie, Officier de Cavalerie au Régiment Royal-Lorraine, Lieutenant des Maréchaux de France au Département de Moncontour, & Confeiller au Parlement de Rennes. Afin de tempérer l'aridité généalogique par des obfervations utiles, difons en paffant que cette Cour Souveraine s'eft reffouvenue dans le choix de fes Membres que les premiers nobles étant Juges & Guerriers, le dépôt des Loix étoit auffi bien de la compétence de cet Ordre Illuftre, que la profeffion des armes. Paul de Foix, iffu de Maifon Souveraine, n'a-t-il pas été Confeiller au Parlement de Paris ? N'a-t-on pas dédié à Galien de Bétencourt, Confeiller au Parlement de Normandie, l'Hiftoire de fon Ancêtre de nom & d'armes, premier Roi des Canaries, dont il avoit fait la découverte ? Et même depuis le temps de Saint Louis où les Chevaliers-Juges avoient fouvent des Affeffeurs Ecuyers, jufqu'au Regne de Sa Majefté LOUIS XVI inclufivement, il ne feroit pas impoffible de retrouver en diverfes Provinces une fuite de noms illuftres non-feulement dans les premiers Tribunaux, mais encore dans les Charges modeftes des Jurifdictions inférieures. Nous croyons avoir détruit, dans un autre ouvrage, jufqu'au germe de l'antipathie prétendue entre la Robe & l'Epée, antipathie auffi éloignée des bons efprits qu'oppofée aux vrais principes. Il y a plus d'analogie qu'on ne penfe entre ces deux profeffions également importantes. Qu'eft-ce que c'eft qu'un Magiftrat fans courage ; & qu'eft-ce qu'un Militaire fans juftice ?

Comme le bonheur & l'harmonie des Ordres de l'Etat n'en exigent pas le déplacement ni le mêlange ; comme leur

fraternité ne doit pas être altérée par le genre d'aineſſe propre & convenable à la Nobleſſe, nous avons tâché de dé-
montrer dans quelques plans entrepris pour l'avantage &
la ſatisfaction de chaque Ordre & de chaque Claſſe, que peut-
être il ſeroit encore plus profitable à tous les Citoyens, &
tous les Corps en général, qu'aux Nobles & à la Magiſ-
trature en particulier, que toutes les Cours Souveraines
du Royaume modélaſſent leur compoſition ſur celle que le
Roi vient de régler pour le Service Militaire par la déciſion
juſte & bienfaiſante du 22 Mai dernier (b). Le Chancelier
de l'Hôpital & le Maréchal de Saxe n'étoient pas plus
l'un que l'autre Apologiſtes du faſte & de la vénalité.

(b) Peut-être produiroit-elle plus complétement l'effet ſalutaire
que le Gouvernement a lieu d'en attendre, ſi Sa Majeſté autoriſoit
dans chaque Province, un Gentilhomme qui ſeroit choiſi par ſes
Pairs, pour certifier, ſur ſon honneur, de leur état ou extraction,
ſans être obligé d'examiner ni de garantir plus que la légitime poſ-
ſeſſion centenaire, attendu que les plus fortes preuves reſteroient
toujours ſous la compétence des Corps, Tribunaux ou généalogiſtes
de profeſſion & dûment ſermentés. Ce moyen, ſans favoriſer les
uſurpateurs, diſpenſeroit d'une recherche ou reproduction ſouvent
auſſi diſpendieuſe que ſuperflue, beaucoup de cadets de bonne
maiſon dénués de titres ou de fortune ; & pour que le Gentilhomme
nommé Commiſſaire ſe mît lui-même abſolument hors de tout ſoupçon de partialité, faveur, caprice ou prévention, il ne devroit
être choiſi que parmi les nobles mariés, ayant rempli huit ans au
moins avec une réputation intacte, un office de Robe ou d'Epée,
& n'entrer en exercice qu'après avoir prouvé lui-même devant un
des deux principaux Généalogiſtes du Roi, (MM. d'Hoſier &
Cherin), 600 ans de nobleſſe à dater du jour de ſon élection,
ſavoir 300 en ligne paternelle aſcendante, & 300 tant de la famille
de ſa mere que de celle de ſa femme ; en ſorte que le plus ou
le moins de ces deux dernieres preuves ſe ſuppléeroient ou com-
penſeroient au beſoin juſqu'à la concurrence des trois ſiécles entiers,
dont la mere & l'épouſe feroient ſolidaires, pourvu toutefois que
celle qui ſe ſeroit ſervi de l'excédent de l'autre, fut née Demoi-
ſelle, c'eſt-à-dire au moins fille d'Annobli. Cette combinaiſon de preuves, très-biſarre en apparence, eſt le réſultat d'un calcul réfléchi
dont le développement ſeroit ici trop long & trop déplacé. Voyez le
Précis Hiſtorique, Moral & Politique ſur la Nobleſſe Françoiſe.
La Croix de Saint Lazare pourroit, après dix ans, ſervir de ré-
compenſe aux travaux généalogiques de ce Gentilhomme, & ſon fils
une fois parvenu à l'état de Capitaine, s'il entroit au ſervice, n'auroit beſoin que de ſon extrait baptiſtaire pour monter dans les
Carroſſes de Sa Majeſté.

Mais ils penſoient l'un & l'autre, ainſi que beaucoup de Légiſlateurs & de Héros anciens & modernes, qu'il eſt autant de l'intérêt que de la juſtice des gouvernemens, de maintenir une émulation généreuſe & ſage en prévenant le dépériſſement ou l'uſurpation, la chute ou la ſupplantation de certaines Races.

(2) *pag. 12.* Nous allons tranſcrire preſque littéralement de la *notice*, une de ces manœuvres. M. de Vair eut avis que le Général Luckner faiſoit des diſpoſitions pour l'enlever. Son poſte étoit déſavantageux par l'éloignement d'un point de retraite. Il prévient l'ennemi, marche à lui, en impoſe par ſon audace & cache ſon inferiorité en montrant pluſieurs têtes. Il place des Tambours ſur un point par lequel il pouvoit lui venir du renfort. La ruſe réuſſit; l'ennemi trompé prend le parti de s'éloigner. On charge les dernieres Troupes de ſon arriere-garde, on en tue quelques hommes, & l'on fait pluſieurs priſonniers. Le Comte exécute enſuite une retraite qu'il n'auroit pu tenter dans ſa premiere poſition, ſans courir le riſque éminent d'éprouver au moins un échec.

(3) *pag. 13.* Pour aſſurer une bonne fois l'avantage du Service, la conduite du Soldat, le devoir de l'Officier; enfin pour établir très-clairement de très-juſtes limites entre les dédommagemens & les extorſions, entre les graces & le pillage, entre les beſoins & la cupidité, entre la délicateſſe & la duperie, pluſieurs Militaires de toutes les claſſes, pluſieurs citoyens que leur fortune ou leur caractere élévent au-deſſus du plus léger ſoupçon de la moindre vue pécuniaire, ne ſeroient pas fâchés qu'on daignât ſtatuer (ſoit au Conſeil du Roi, ſoit au Tribunal des Maréchaux de France, ſoit dans un Conſiſtoire de Guerre, ou dans un Comité de Chefs raſſemblés par le Miniſtre,) ſur le chapitre de Joli-de-Maizeroi concernant le *butin*. C'eſt le 17ᵉ du ſecond tome de ſon Traité de Tactique. Peut-être conviendroit-il à cet égard de compenſer ou modifier les unes par les autres les largeſſes accordées au Corps de la Marine, & les privations impoſées aux Troupes de terre, ſans oublier toutefois que l'honneur eſt le premier mobile des uns & des autres. Lui ſeul a été l'ame des belles Opérations qui viennent d'immortaliſer les Comtes de Graſſe

& de Rochambeau. Pour vous , ô la Fayette! Jeune *réparateur des torts de Fernand Cortès* , continuez à justifier ce titre glorieux qui vous fut donné par un grand Homme que la postérité ne démentira point.

(4) *pag. 14.* La fidélité de l'Histoire ne nous permet ni d'omettre ni de garantir des relations particulieres qui ne nous paroissent pas destituées de tout fondement, quoique non mentionnées dans celle dont nous ne sommes qu'abréviateur. Suivant ces relations, le Comte de Vair auroit en quelque sorte été compromis par la vivacité momentanée d'un Officier-Général d'ailleurs plein de bravoure, de talens & de lumieres, auquel il avoit prédit l'impossibilité de vaincre, & la certitude de mourir. Ainsi périt Fourille à Sénef. Militaires François, sachez honorer vos grades par vos égards proportionels & respectifs. Songez qu'une fermeté raisonnable sympathise avec une vraie politesse; que la subordination n'est pas servitude , & que la distinction des rangs à la Guerre n'en détruit point la confraternité.

Les mêmes relations particulieres apprennent qu'on rendit au Comte de Vair, qui touchoit au moment d'être fait Brigadier, les honneurs funébres d'un Officier-Général.

Nous ne nous sommes permis dans le texte, aucuns changemens considérables à la Notice instructive, mais un peu trop succinte que nous étions encore chargés d'abréger. Aucun des Mémoires tant imprimés que manuscrits que nous avons recueillis sur la Guerre de 1756, ne supplée les détails qui nous manquent; & pour comble d'inconvénient, nous n'avons été à portée de nous procurer aucun des Papiers-Nouvelles du temps. De plus, nous n'avons pas eu le bonheur de connoître M. de Vair, attendu qu'en 1759, fort jeune encore nous campions sur la Côte du Havre, au nombre de ceux qui comptoient s'embarquer dans l'Armement du Maréchal de Conflans. On verra par la Notule ci-dessous (a) que nous

(a) Les ennemis étoient environ 4000 contre 1400. Le Comte de Vair, qui s'attendoit à leur embuscade & à leur supériorité, comptoit sur le courage de sa Troupe & sur la bonté de ses dispositions, pour se tirer du mauvais pas où l'imprudence

avons encore plus craint l'inexactitude que la prolixité. Ceux qui nous feront l'honneur de nous lire, peuvent regarder notre véracité comme un gage de la reconnoissance que nous inspireront les bonnes critiques.

(5) *Page 15.* On sent que le paralelle ne pourroit se soutenir à la rigueur entre un excellent Chef de seize cent Volontaires, & un grand Général qui a commandé avec gloire & succès de nombreuses armées. Mais ceux qui se rappelleront ce que le Comte de Vair avoit fait à trente-un ans, ne blâmeront pas sa famille d'avoir chéri & conservé l'expression flatteuse par laquelle sa mémoire fut honorée de la bouche d'un Monarque à qui les actions de ce jeune & brave Officier donnoient une idée très-avantageuse de son mérite

---

d'autrui l'avoit engagé. M. de Louvigny, aujourd'hui Chevalier de Saint Louis, Capitaine retiré du Régiment des Cuirassiers, faisant alors les fonctions de Major de la Cavalerie des Volontaires, vint l'avertir que douze escadrons ennemis débouchoient, & qu'il falloit se replier. Il n'est pas encore temps, dit M. de Vair, accoutumé à trouver en lui-même des moyens pour le succès ou des ressources contre le malheur. *Allez dire à M. de S. Victor---* A ces mots, il fut tué roide. Tous les Volontaires de l'Infanterie voulurent rester pour venger leur Commandant, ou pour mourir auprès lui. M. de S. Victor, qui vit la nécessité de la retraite, ne put les y déterminer qu'en les menaçant de les faire sabrer par sa Cavalerie, & leur promettant une meilleure occasion d'employer leur valeur ou d'exposer leur vie.

N'oubliant point le reproche fait à un Historien, qui, dit-on, sacrifia l'exactitude à l'élégance, en rejettant de nouvelles instructions sur un Siege, parce que sa relation étoit écrite, nous avons recherché & employé dans ces notes ou supplémens le rapport des témoins oculaires, avec autant d'exactitude qu'un Erudit, qui travailleroit sur des événemens reculés, devroit en mettre à consulter les Auteurs originaux.

Nous avons écrit infructueusement à plusieurs, & nous nous consolerons de leur silence par les critiques qui tendront à répandre plus de clarté dans nos récits.

Le même M. de Louvigny, qui n'a non plus que nous ni goût ni intérêt à déguiser la vérité, est en état de réfuter complétement l'erreur de ceux qui ont soupçonné feu M. le Comte de Broglie du petit moment d'oubli que nous n'avons pu nous dispenser de rappeler à un autre Officier-Général, digne d'en convenir, de l'expier, de le réparer. N'ayant pas l'honneur de le connoître personnellement & ne songeant pas plus à le désobliger qu'à le flatter, nous devons lui laisser le choix de révéler lui-même ou de taire son nom. C'est pour les hommes distingués dans tous les genres, qu'un grand Poëte fit ce Vers.

» Quel sage est sans défaut ; & quel Roi sans foiblesse ? »

& de ſes talens. La valeur & le génie ſe dévinent, & ſi une
mort prématurée avoit enlevé Ceſar, Cromwel, le grand
Condé, le Maréchal de Saxe, ſeroit-on fondé à taxer d'erreur,
ou d'hyperbole, les prédictions ou preſſentimens de Sylla,
de P. Dumoulin, du Cardinal de Richelieu, du Chevalier
Folard? Il ne s'agit uniquement ici que des diſpoſitions ou
qualités guerrieres; ainſi graces pour le nom de l'héroïque
ſcélérat Cromwel.

(6) *pag. 15.* Son ombre ne s'indignera pas ſi j'apper-
çois dans ſa façon d'agir & de penſer, beaucoup de rapports
avec un Lieutenant-Colonel de Royal-Dragons, bréveté
Meſtre de Camp, qui n'ayant pas eu le bonheur de
rencontrer toutes les occaſions de gloire ſi bien ſaiſies
par le Comte de Vair, avoit au moins eu comme lui
le rare talent de ſe concilier à la fois & au plus haut
degré l'eſtime & l'affection des Officiers Généraux, Supérieurs & Subalternes, jeunes & vieux, ainſi que du
Bas-Officier & du Soldat; homme auſſi bienfaiſant dans
la conduite privée que brillant à la tête de ſon Corps.
Ni cette fleur jettée ſur ſa tombe, ni peut-être même
le monument érigé par ſes camarades en 1774, ne
valent l'hommage attendriſſant, flatteur & unanime que
ſes chefs, ſes égaux & ſes inférieurs ont rendu ſouvent à ſa mémoire en ma préſence, même avant de me
connoître. Il ne m'eſt permis ni de le nommer, ni
de l'oublier.

Pour l'exactitude & l'intérêt de la vérité, ajoutons que
la ſeule différence notable dans le caractere & la conduite
de ces deux reſpectables Chefs de Corps, fut à l'avantage du Comte de Vair. Tous deux joignoient des dons
agréables aux qualités eſſentielles & ſolides. Mais le
Comte de Vair porta juſques dans les Camps & les
Garniſons une pureté de mœurs, je dirois même une
auſtérité qui le fit triompher de cette paſſion ſi naturelle
& ſi dangereuſe qu'un Poëte appelle ingénieuſement *la ſeule
erreur du Sage.* L'autre ſans jamais ſacrifier ſes devoirs à ſes
plaiſirs, ſe laiſſa quelquefois attirer aux charmes du ſexe qui
mit le fuſeau dans les mains d'Hercule, ſçut arracher le ſecret
de Turenne, & vit à ſes genoux le grand Maurice.

Jeunes Officiers encore ſuſceptibles de prendre les amorces
d'une volupté perfide & condamnable pour les mouvemens
d'une ſenſibilité douce & légitime, ſongez que de tels écarts
ne ſervent trop ſouvent qu'à mettre le comble à la médio-

crité des hommes vulgaires , & à ternir la gloire des hommes supérieurs. Et s'il vous arrive de vouloir justifier vos
chutes par l'exemple des tributs que plusieurs de ceux-ci
n'ont pu se dispenser de payer à la fragilité humaine, tâchez
donc aussi d'acquérir les vertus , les talens distingués, en un
mot de rendre les services qui semblent racheter leurs im-
perfections, & font oublier leurs fautes.

Le penchant qu'on propose non d'étouffer entièrement, mais
de réprimer pour l'annoblir, n'est pas encore le plus funeste
de ceux qui peuvent séduire le Militaire. Un désir sincere
de consigner ici des vérités relatives au bien du service ,
nous porte à représenter que jamais aucune ombre d'utilité
n'a compensé les désordres qu'ont produit la fureur du jeu
chez quelques Officiers , & la crapule de l'yvrognerie dans
beaucoup de Soldats, deux vices dont le Comte de Vair
fut également l'ennemi. Le Lieutenant-Colonel dont je rappelle l'honorable mémoire avoit risqué dans sa jeunesse d'obs-
curcir ses vertus par le premier de ces travers ; mais il n'at-
tendit pas la maturité de l'âge pour se soustraire à la contagion de l'exemple & aux perversités d'un prétendu bon ton.
Parvenu à la tête d'un Corps, il rendit plus efficaces par
sa conduite les conseils paternels qu'il donnoit à la jeunesse.
La franchise de nos aveux prouve celle de nos louanges.
Quelle que soit notre aversion pour la flatterie, à Dieu ne
plaise que nous tombions dans l'excès opposé de ces détrac-
teurs qui ne s'attachent qu'au côté foible d'un homme esti-
mable, à peu près comme d'envieux critiques ne saisissent que
les taches d'un bel ouvrage, comme si l'imperfection n'étoit
pas en tout l'appanage de l'humanité. C'est de telles gens
que M. Castillon avoit en vue dans ce passage du *Mendiant
Boiteux.* » En général les Censeurs les plus séveres & les plus
» impitoyables sont les hommes, sinon les plus dépravés, du
» moins les plus faciles à se plonger dans le vice, & à com-
» mettre les vices qu'ils condamnent avec le plus d'amertu-
» me. Ce sont toujours ceux-là qu'on entend élever la voix
» avec le plus d'audace contre la simple apparence des vices,
» & détester en autrui les mêmes penchans qui les guident,
» qui les entraîneroient eux-mêmes si l'occasion & les cir-
» constances secondoient la bassesse de leur inclination ».

(7) *Page 15.* Quelques railleurs du nombre de ceux dont
l'autorité paroît également nulle pour la Théologie & pour
la Philosophie, se moqueront peut-être d'une *Discipline Reli-
gieuse.* Mais dans le cas où cet Opuscule tomberoit entre

les mains de quelques jeunes Militaires, feroit-il infenfé de les avertir que la piété d'un homme de guerre, après l'adoration en efprit & en vérité confifte à refpecter le culte de fes peres fans infulter les autres, à donner de bons exemples fans contraindre les confciences, à fe permettre en fait de croyançe (a) quelques éclairciffemens & jamais de difputes ». *Laiffons-là S. Thomas s'accorder avec Scot.* BOIL : ».

Aimez votre prochain comme vous-même , dit l'Evangile. Supportez-vous les uns les autres, dit S. Paul. Que tous ceux qui prétendent juger de la morale d'autrui par leur propre foi, fe rappellent encore cette maxime onctueufe de S. François de Sales. » La vérité qui n'eft pas charitable, pro- » céde d'une charité qui n'eft pas véritable ».

Pour obvier à tous les cas, fuppofons qu'un Militaire chrétien, foit de l'Eglife Romaine, foit d'une Communion réformée, fût revêtu de la puiffance co-active ou repreffive dans une contrée lointaine ou étrangere, c'eft alors, fuivant nous, que non-feulement il pourroit, mais que même il devroit excepter de cette tolérance purement humaine & civile, les *Auto-da-Fé* qui fouillent le midi de l'Europe, ou les Sacrifices barbares non encore abolis dans quelques recoins des trois autres parties du monde connu. Nous nous permettons cette longue note, parce qu'il arrive encore de rencontrer quelquefois des Officiers qui, fans être dépourvus de certaines parties militaires & fociales, font néanmoins tellement imbus de préjugés fanatiques, ou fufceptibles de faux zele, qu'ils renouvelleroient volontiers les fcenes féroces de l'hérétique Des-Adrets, ou de l'orthodoxe Gouverneur de Mâcon. O déplorable Humanité ! comment as-tu puilé des prétextes de zizanie, de haine, de perfécution, de cruauté dans ces liens ineffables que la religion doit refferrer entre tous les enfans du même pere, dans ce rapport touchant & fublime qu'elle te permet d'entretenir avec ton Créateur ? *Onus leve , jugum dulce...... Cavete à fermento Pharifœorum.... Pax hominibus bonæ voluntatis..... Beati mites , mifericordes, & mundo corde..... Beati qui efuriunt & fitiunt juftitiam !*

Un Auteur, & c'eft, fi je ne me trompe, M. l'Abbé Girard, a dit avec raifon que la religion eft plus dans le cœur qu'elle ne paroît au dehors; que la piété eft dans

(a) Dans tous les temps, dit Berruyer, en cela d'accord avec Pafcal, une occupation fi digne des hommes, a été rare parmi eux.

le cœur & paroît au dehors ; que la dévotion paroît-quelque-
fois au dehors fans être dans le cœur. Il y a d'excellentes
chofes à ce fujet dans les *Caracteres* de la Bruyere, livre, felon
moi, des plus propres à corriger, améliorer quiconque en
le lifant aura le bon efprit de ne point s'amufer aux applications étrangeres, & de n'en chercher la clef que dans
foi-même.

(8) *page 16.* Cependant au chapitre 3 de la premiere
partie, l'Auteur nous rappelle le trait du Soldat qui com-
battant à Raucoux, oublioit qu'un bifcayen lui avoit caffé
les deux cuiffes, pour crier *vive le Roi,* & pour encoura-
ger fes camarades à faire leur devoir. Plufieurs papiers pu-
blics & recueils d'anecdotes mentionnent un trait pareil d'un
Grenadier du Régiment de Soiffonnois, au Combat Naval
du 16 Mars 1781, entre M. Deftouches & l'Amiral Arbut-
not, mais il ne donnent pas le nom de ce brave homme.
Peut-être pour l'honneur & la confolation des Troupes, n'eft-
ce que la multiplicité de ces généreux traits d'un patriotifme foldatefque qui s'oppofe à la confervation des noms de
tant de héros fubalternes. On n'en fçait pas moins bon gré
à M. Bret d'avoir tout récemment configné dans la gazette
de France celui du Matelot *Dachicourt,* qui frappé d'un coup
mortel au fuperbe combat de notre Frégate la *Magicienne,*
contre le Vaiffeau de ligne Anglois le *Chatam,* dit en faififfant la
main de M. de la Bouchetiere fon Capitaine, qu'il regrettoit
moins de perdre la vie que de voir la Frégate au pouvoir
de l'ennemi. O Comte d'Eftaing, vrai Général de terre &
de mer, *Grand-Pere* de vos Matelots comme Tromp, &
de vos Soldats comme Vendôme, fouffrez que j'ofe invo-
quer ici votre témoignage ou votre décifion. Quand on a
le bonheur de commander à de tels hommes, ne vaut-il
pas mieux exalter les têtes que de battre les épaules ; ne
vaut-il pas mieux diriger leur intelligence que de l'anéantir?
Et ces Pruffianifeurs Velches, qui rifquent d'avilir les
hommes en les abrutiffant, qui prétendent que l'efprit du
Soldat François eft moins dans la cervelle que fur le dos,
ne feroient-ils pas coupables du crime de leze-nation, s'ils
n'étoient convaincus d'une extravagance outrée? Ce n'étoit
pas ainfi que parloient ni penfoient les Villars, les Catinat,
les Luxembourg, les la Noue, les de Foix, les Bayard,
les Dunois, les Guefclin, ni même ces refpectables étrangers, immortalifés au Service de notre Patrie qui les avoit
adoptés, les Maurice de Saxe, les Lowendal, &c, &c.

Vous êtes François, difoit Henry IV à fes Soldats, comme Agamemnon crioit aux Grecs : *Soyez hommes*, & leur réponfe fut la victoire. Il y a trente ans que des indifcrets auxquels on a donné l'epithete ironique de *faifeurs*, voulurent prendre indiftinctement le bon & le mauvais de l'étranger, effayerent de changer le caractere national au lieu d'en tirer parti, fe difpenferent enfin dans les fauffes applications de leur théorie fuperficielle, d'avoir égard aux différences d'opinions, de mœurs, d'inftitutions, de climat & de gouvernement. Ils auroient dû fe corriger à Rosback. L'Auteur annonyme des *Réflexions d'un Militaire*, (in 12 1772) dit avec raifon daus fon premier chapitre, « Les Soldats efclaves font vicieux, & plus cruels que » les autres : ils cherchent ordinairement dans la débauche » à fe diftraire de l'avilissement où on les tient..........La » crainte étouffe quelques vices dont le germe refte dans » le cœur, & ne produit point de vertus. « O vous qui voudriez que le bâton gouvernât la France, comme le Pere du Halde nous dit qu'il gouverne la Chine, pefez de grace encore ce paffage d'un Orateur Philofophe, qui a trop dignement loué d'illuftres morts pour qu'on lui refufe des éloges de fon vivant. « Peut-être, dit M. Thomas, » n'y a-t-il rien de plus beau dans Homere que cette » idée, que du moment qu'un homme perd fa liberté, » il perd la moitié de lui-même. « Ce font toutes ces puiffantes confidérations qui nous font préfumer qu'aucune punition corporelle, c'eft-à-dire aucun châtiment de canne, de plats de fabre, de verges, de corroies, ne devroit s'infliger dans les Troupes que par jugemens de Confeil de Guerre. En combinant l'influence refpective du moral & du phyfique à la Guerre, en examinant la liaifon du fiftême militaire avec le fiftême politique, il eft difficile d'approuver pour la difcipline un autre mobile que celui du gouvernement. Ceux qui ne s'en rapportent pas tout-à-fait au Préfident de Montefquieu, pourront confulter encore *l'Effai général de Tactique* de M. le Comte de Guibert, *les Militaires au-delà du Gange* de M. de lo Looz ; La *Lettre* de M. de Lauron, *fur une nouvelle arme à feu; la Differtation fur la fubordination*, in 12, 1754; *les Avantures d'Alcime*, in 12, 1778; les nouvelles *Lettres d'un voyageur Anglais* ; (M. Moore,) in 8°, 1781. &c. &c. Tandis que des inftructions de manége imprimées à la fuite des Ordonnances de la Cavalerie, recommandent la douceur & la patience envers les jeunes chevaux, on a voulu colorer la violence & la brutalité par des calomnies contre nos semblables & nos compatriotes. Peut-être ne pourrions-nous mieux faire ici l'apologie des Troupes Françoises, qu'en retraçant la réfutation que nous avions faite autrefois, d'un passage du *Tableau philosophique du genre humain, depuis l'origine du monde, jusqu'à Constantin?* L'Auteur s'exprime ainsi sur les Habitans d'Aix. « Ces Peuples étoient ce que sont » encore les François, terribles au premier choc, & des » femmes dans le second. » Voici de quelle maniere nous le combattions en 1769, dans un manuscrit qui n'a pas vu le jour. « L'Auteur a-t-il oublié les marques de » constance & d'intrépidité soutenues que le François a » données dans tous les siecles révolus depuis la fondation » de la Monarchie? Combien n'en pourroit-on pas citer » sous le seul Régne de Louis XV? Voici les principales.

Batailles de Guastalle & de Parme.....................1734.
Siege de Philisbourg..1734.
Défense & Retraite de Prague.............................1742.
Siege de Fribourg & Combat de Weisembourg......1744.
La formidable Colonne enfoncée après 4 charges.......1745.
Le poste de Raucoux forcé..................................1746.
Prise de Madras..1746.
Défense de Pondichery.......................................1747.
Les retranchemens de Laufelt emporté après 5 charges.1747.
Siege de Berg-Op-Zoom....................................1747.
Victoire sur le Général Bradoc, en Canada............1755.
Victoire Navale, & Fort Saint Philippe..................1756.
Hastembeck..1757.
Combat auprès du fort Carillon, ou de Ticonderago. Moins de quatre mille François aux ordres du célébre Marquis de Montcalm, y défirent vingt deux mille Anglois, après l'action la plus vive & la plus opiniâtre...............1758.
Sundershausen & Lutzelberg..............................1758.
Berghen...1759.
Clostercamp où les François surpris se battirent aussi bien que leurs Peres à Stinkerque & à Crémone, & plus heureusement que les Prussiens au Camp de Hockirken, & dans les murs de Schweidnitz escaladé................1760.
Grunberg...1761.
Friberg..1762.
La Corse..1739 & 1769.

Sans compter beaucoup d'autres affaires également honorables à la Nation, telles que Colorne & Côni en Italie,
Sahay en Bohême, Melle en Flandres, S. Cast en Bretagne, &c. Le regne de Louis XIV offre encore une plus
grande quantité de traits semblables, sur-tout aux batailles
de Rocroy, Fribourg, Lens, Norlingue, Senef, Nerwinde,
Caffano, Malplaquet (car cette derniere quant à l'honneur
valoit une victoire) ; aux Siéges de Mons, Namur, Landau,
Barcelonne ; aux défenses de Grave, de Mayence & de
Lille. (a) Nous ne choisirons que neuf exemples dans les
fastes antérieurs de la Monarchie, pour rendre notre preuve
absolument complette. La Bataille de Bovines en 1214; celle
de Marignan en 1515 ; la défense de Calais en 1346 & 47;
celles de Rouen en 1418; d'Orléans en 1429; de Mezieres
en 1521; de Cremone en 1522; de Metz en 1552; de S.
Jean de Lône, en 1636. Combien n'aurions-nous pas multipliés ces mémorables exemples, si nous avions passé l'époque à laquelle Philippe-Auguste réunit à la Monarchie le
pays de nos peres, cette Province conquérante des Royaumes de Naples, de Sicile & d'Angleterre, & dont les guerriers affermirent les premiers Capétiens, humilierent les

(a) La supériorité rendue au pavillon François sur toutes les
mers, l'expédition du Sénégal, celles de la Dominique, de Saint
Vincent, la Grenade, Tabago, s. Eustache; la coopération puissante à la
prise de Penfacole, & sur-tout au grand événement d'York & de Glocester, prouvent que les François ne dégénerent point sous LOUIS
LE BIENFAISANT. On a vu dans les nouvelles de 1778, avec
quelle rapidité le feu électrique de l'honneur National se communiquoit du centre & des quatre coins du Royaume, quelle affluence
de Volontaires se présentoient de toutes parts aux premiers bruits
de la guerre. Nous ne craindrons pas de dire *experto crede Roberto*,
parce que ces démarches & ces sentimens plus justes que méritoires
nous furent communs avec la généralité du Militaire François, avec
une grande partie de nos Compatriotes de tous états ; ensorte que
sans tomber dans un travers de fanfaronades, on peut les avouer à
la face de la Nation pour laquelle on sacrifieroit l'existence qu'on
a reçue dans son sein. Un Officier-Général disoit qu'on auroit facilement trouvé plus de Volontaires qu'il n'y avoit d'hommes employés
& nécessaires. Heureux ceux qui furent pris au mot !
De presque tous les échecs essuyés sous le feu Roi, tant sur mer
que sur terre, il n'y eut gueres d'autre cause évidente que l'incapacité, la mésintelligence ou l'insubordination de plusieurs Chefs,
dont quelques-uns se sont cruellement vengés pendant la paix sur
des Troupes innocentes & déja victimes des fautes qu'elles n'avoient
point commises à la Guerre,

Empereurs

Empereurs d'Allemagne, continrent les Souverains Ecclé-
fiaftiques de Rome, & firent chanceler le Trône de
Conftantinople.

Le Maréchal de Saxe, qui avoit étudié le génie militaire de la Nation, écrivoit au Comte d'Argenfon, que les
affaires de pofte étoient les plus avantageufes pour les
François. Il les croyoit donc capables d'une vigueur &
d'une fermeté plus durables que le premier choc. La
confiance de l'Officier devient préfomption & témérité,
s'il n'y met des bornes. Celle du Soldat n'eft jamais
trop forte. Au lieu de l'infulter & de l'abâtardir, infpirez
lui bonne idée de lui-même; perfuadez lui, fi vous
pouvez, qu'il eft invincible. *Felices errore fuo.* Profitez
des obfervations lumineufes qu'on lit dans les *rêveries*
du même Général, fur ce qu'il appelle *le cœur humain.*
Un nouvel Auteur Militaire, dont la fagacité ingénieufe
a faifi les rapports de la Fortification à la Tactique,
démontre auffi d'une maniere fans réplique les influences
du moral à la Guerre.

Terminons cette trop longue note par ce paffage
d'un de nos autres Opufcules imprimé en 1773, avec cette
Epigraphe : *Quis furor ô cives, quæ vos dementia cepit !* « Sup-
» pofons que fur cinquante Soldats, trois foient décidément
» mauvais fujets, & les quarante-fept autres bons ou paf-
» fables; peut-être doit-on, par égard pour ces quarante-fept
» hommes, ne point infliger de peines flétriffantes à leurs
» trois camarades, excepté dans le cas où l'on chafferoit
» ces derniers, incontinent après l'affront ignominieux dont
» on les auroit couverts. Confondra-t-on la douceur avec
» la moleffe, & nous biamera-t-on de fouhaiter qu'un
» Colonel exerce envers les Soldats de fon Régiment,
» quelque portion de la bienfaifance qu'un Seigneur de
» terres doit à fes plus pauvres vaffaux ?

» Que ces efprits emportés par leur fougue & dénués
» de lumieres qui dénaturent les plus faines maximes
» en outrant les conféquences, voient aux plaines de
» Fleurus, les triomphes de ma Patrie que je n'ofe plus
» appeller la leur. Qu'ils regardent près d'Helfinbourg
» l'élite des Troupes Dancifes battue par un amas de
» Païfans levés à la hâte, mais qu'enflammoit l'amour de
» leur pays & de leur Roi. Qu'ils fe rappellent que les
» Romains ayant perdu leurs anciennes inftitutions, raffu-
» roient par leur courage leur Général Belifaire contre

B

» la discipline des Perses , & qu'ils ne prétendent plus
» que le seul avantage de cette discipline suffise &
» puisse toujours suppléer au défaut de valeur. L'exemple
» des Romains envers les Gaulois prouve-t-il autre chose,
» sinon qu'il faut, autant qu'on le peut, réunir l'une
» & l'autre ? Abandonne-t-on le coursier rapide qui fran-
» chit en un clin d'œil un espace immense , pour
» l'animal pesant & tardif qui trace lentement son sillon ?
» Non., on se sert de tous les deux.

    » Il faut au sujet d'une Monarchie d'autres genres
» de crainte, d'espérance, de châtiment , de récompense
» qu'au citoyen d'une République. L'exemple de Manlius
» convenoit-il aux Héros de Rocroy & de Friedlingue ?
» . . . . On vous appréciera , sublimes
» inventeurs de subtilités à la Grecque, qui comparez
» modestement votre équitation de manége à la course
» des Jeux Olympiques ; qui d'après vos savantes descrip-
» tions de l'ordre oblique, pensez que les Batailles de
» Leuctres & de Mantinée, furent gagnées par le pas
» de côté des chevaux, auxquels il n'auroit plus fallu
» qu'une longe ; qui nous écrasez d'innovations en citant les
» anciens . . . . Et vous Troupeau servile des
» imitateurs, dites-nous si par la sagesse tant vantée d'un
» régime militaire, que son auguste instituteur se garderoit
» bien d'appliquer à une armée de Regnicoles, le Duché
» de Mecklembourg fut préservé d'excès plus attroces
» & plus réels que tous ceux qu'on a reprochés, avec
» trop de fondement sans doute, mais avec exagération
» aux troupes Françoises. . . . . Ces vagabonds,
» ces transfuges retenus au Service de Prusse, par une
» chaîne d'acier, jouirent d'un moment de liberté, comme
» des tigres furieux échappés de leur cage de fer, &
» dont les conducteurs auroient perdu la tête.

    » Comment des hommes instruits n'ont-ils pas craint
» d'avancer que les Romains n'étoient que disciplinés,
» tandis que nul des anciens Peuples, excepté les Spar-
» tiates, n'a donné plus de marques d'intrépidité ? Est-ce
» la discipline des Tartares qui a soumis au joug de leur
» domination, tant de vastes & opulentes contrées de
» l'Europe & de l'Asie ? . . . . Le but de nos
» citations n'est autre que de modérer le fanatisme
» de certaines personnes, sans tomber nous-même dans
» l'excès contraire. On n'est point l'Apôtre du relâche

» ment pour être le cenleur de la dureté. Et nous
» pofons pour principe que rejetter toute difcipline, parce
» que des Armées ont vaincu fans en avoir, feroit auſſi
» peu raiſonnable que de proſcrire l'art de l'Ingénieur,
» fous prétexte que des places très-reſpectables ont été
» priſes irrégulièrement, & que de miſérables bicoques fe
» font vigoureuſement défendues. »

(9) *pag. 16.* Si le Peuple & le Gouvernement Anglois
veulent fe prévaloir des droits & des uſages d'une
Monarchie, même de la plus tempérée, pourquoi la
ſubſtitution fuceſſive des Naſſau & des Brunſwick, aux
Stuarts non-éteints?

S'ils ne datent que de la conſtitution de 1689, pourquoi ces infractions de la Métropole, envers les Colonies
ſes Filles, ou plutôt ſes Sœurs? Dans tous les cas,
Londres eſt plus rebelle que Boſton. Nous avons au
commencemnent de la Guerre, publié dans une feuille
périodique le développement de cet expoſé qui nous
paroît clair & fans réplique. La forme allégorique n'en
a pas altéré la fidélité.

Sans porter l'Anti-Anglomanie, auſſi loin que l'Auteur
du *Supplément à l'eſpion Anglois*, nous nous fommes permis
depuis long-tems quelques remarques, dont la répétition
ne diſconvient pas ici.

Les Anglois fe font fouillés de tant d'atrocités, que
fuivant l'expreſſion de Voltaire, qui n'étoit pas leur ennemi, le bourreau devroit être leur Hiſtorien.

On ne voit pas une eſpace conſécutif de quarante
années fans guerre civile, fans bouleverſement politique
ou religieux, dans les annales de ce Peuple inconſiſtant,
depuis qu'il a été fucceſſivement la proie des Romains,
des Saxons, des Danois, des Normands; en un mot
de preſque tous ceux qui font deſcendus chez lui pour
le conquérir. Pour ne pas trop nous éloigner de notre
temps, conſultez feulement les époques de 1775, 1745,
1715, 1688, 1649, &c.

Cependant ſi des malheurs imprévus réduiſoient un
de nos compatriotes à vivre loin du doux climat de la
France, ſous d'autres Loix que celles d'un Prince & d'une Patrie
que nous chériſſons; s'il lui falloit opter entre les Eſpagnols,
nos eſtimables alliés, & les Anglois, nos implacables rivaux,
pour chercher un azile, nous doutons qu'il pût ſe réſoudre
à préférer le pays ravagé par l'infernale inquiſition

XX

La liberté Angloife tourne fur les deux pivots de l'acte d'*habeas corpus*, & de la liberté de la preffe. Si le Miniftere Britannique eut affecté plus d'indifférence ou moins d'animadverfion contre M. Wilke & fon Imprimeur, il auroit peut-être prévenu la grande querelle qui déchire aujourd'hui l'Angleterre des deux Continens, & réveille toute l'Europe.

Celui que les douceurs de la domination Françoife ne rendent pas infenfible au vice des autres Gouvernemens, celui que l'habitude de la contrainte n'a pas abfolument plié au joug de la fervitude, peut-il s'empêcher de faire des vœux pour la caufe des Infurgens? S'ils triomphoient, s'ils vengoient les autres peuples des injuftices que leur a faites la Nation Britannique, à laquelle les procédés & les paroles de fes propres Miniftres nous ont fait appliquer dans un autre écrit, le *punica fides* des Anciens, leur pays ne feroit-il pas le feul coin de l'Univers policé, où l'induftrie, la fcience & la liberté réunies, auroient un véritable, un fûr & commun afyle, du moins pour une centaine d'années, terme après lequel la corruption s'y glifferoit, non-feulement comme dans toutes les grandes fociétés, mais comme chez les Nations qui devroient en être le plus exemptes, telles que Genève, la Suiffe & la Hollande?

Au refte, en reprochant à la Nation Angloife & fes torts & fes défauts, gardons-nous de ne pas reconnoître le bien qu'elle a fait aux autres peuples par la communication de fes lumieres, par mille beaux exemples d'efprit public & de générofités particuliéres, par nombre de découvertes hardies, de propofitions utiles, & d'inftructions fublimes.

Cependant n'imitons pas envers cette Nation finguliere l'engoûment avec lequel M. de S*** femble pardonner à Célar fes conquêtes en faveur de fes Commentaires; avec lequel tant de Savans pardonnoient à Chriftine le meurtre de Monaldefchi; avec lequel tant de beaux efprits oublioient que le Fondateur de l'Académie Françoife avoit fait couler fur l'échaffaud le Sang des Montmorency, des Marillac & des de Thou.

qu'il avoit reçues à la Bataille de Raucoux. Son éloge imprimé en 1771 à l'Imprimerie Royale, pour les Eléves de l'Ecole Militaire, fut transcrit en 1779, dans le second tome des *Fastes Militaires*. C'est ainsi qu'à Arras, en 1654, s'étoit illustré dans sa vingt-sixieme année un Capitaine d'Infanterie, lequel étant hors de la Ville, lorsqu'elle fut investie par les Ennemis, s'y jetta en habit déguisé, y servit pendant tout le siége avec une valeur distinguée, soutint dans un poste avancé, & avec une poignée de monde, une attaque des plus vives la derniere nuit du secours, & reçut plusieurs coups de feu dont il mourut peu de jours après, en remerciant Dieu du succès de nos Armes. Louis XIV lui avoit fait dire qu'il le remercioit de son intrépidité, & qu'il pensât à se rétablir pour en recevoir la récompense. Le Vicomte de Turenne, & le Cardinal Mazarin l'envoyerent aussi visiter. Il étoit de la Maison de ce Capitaine de Cavalerie, (maintenant Brigadier des Armées,) qui n'ayant qu'environ 19 ans sauva le 15 Mars 1748, le convoi de Berg-Op-zoom, par une manœuvre habile & courageuse, dont quelques-uns de ceux qui le combattoient me parloient encore avec admiration dans une Ville des Pays-Bas Autrichiens, où j'eus occasion de les voir en 1773. Étonné du silence que garde sur cette action la belle Histoire du Marechal de Saxe, par M. le Baron d'Espagnac, j'ai cru devoir la retracer sous le Régne qui fait apprécier l'héroïque dévouement du Chevalier d'Assas. En consignant ici le beau trait du ravitaillement de Berg-Op-zoom, & m'abstenant d'en nommer un des principaux Coopérateurs, j'ai tâché de concilier l'intérêt du lecteur, & les égards dus à la délicatesse & à la modestie d'un homme vivant. Mais il me sera permis de rappeller que feu M. Blanchard-de-la-Buharaye, Gentilhomme Breton, digne émule & compatriote du Chevalier de Talhouet-Grationnais, si connu dans cette guerre, acquit en cette même occasion beaucoup de gloire & rendit les plus grands services.

P. S. Nous recevons avec l'épreuve de cette note, la gazette de France de 760. Elle mentionne une rencontre du 16 Juillet dans laquelle MM. de l'air & de Saint Victor se distinguerent; mais elle ne dit rien de la derniere Vion ni de la mort du premier.

DIXIEME ET DERNIERE NOTE.

QUAND même on ne verroit jamais la supériorité de mérite compenser l'infériorité des grades, il nous semble que les véritables Gens de Lettres mériteroient bien de la Patrie en général & du Militaire en particulier, s'ils consacroient de temps en temps leur plume à préserver de l'oubli quelques-uns de ces hommes distingués par les talens & confondus par les emplois, desquels on peut dire en fait de célébrité:

Apparent rari nantes in gurgite vasto.
Bien peu surnageront sur un gouffre si vaste.

Une assemblée d'Etats dont nous avons l'honneur d'être Membre, a senti l'utilité (a) de ce plan, déja indiqué par l'illustre Auteur d'un livre à l'usage de l'Ecole Militaire, déja pratiqué depuis plusieurs siecles dans une République de l'Europe, & dont Periclés a donné chez les Anciens la plus heureuse & la plus mémorable exécution.

(a) L'Orateur nommoit l'Officier-Auxiliaire à côté du Chef d'Escadre, le Garde-Marine ou le Sous-Lieutenant d'Infanterie avec le Général.

C'eſt dans cet eſprit que pendant l'hiver de 1766 à 1767, conſultant plus notre zele que nos forces, nous nous rendîmes aux invitations obligeantes du Régiment où nous ſervions alors, & raſſemblâmes quelques uns des matériaux, que M. de Rouſſel demandoit pour compoſer l'hiſtoire de ce Corps. Au plaiſir de rapeller des actions honorables & les noms de leurs Auteurs, depuis le Colonel juſqu'au Recrue, ſe joignoit celui de les propoſer comme autant d'exemples inſtructifs & encourageans. Nous ignorons le ſort de ce Manuſcrit, qu'un camarade s'étoit chargé de perfectionner & de faire paſſer à MM. les Auteurs, Editeurs, ou Rédacteurs de l'Hiſtoire des Régimens. Si par haſard ce préſent opuſcule leur tombe entre les mains, nous allons tâcher de les remettre ſur la voie, en leur diſant que nous étions alors en garniſon dans une Ville, qui paſſe pour la premiere qu'on ait fortifiée dans les Pays-bas, à la moderne, bien qu'on y trouve des orillons, dont l'invention eſt poſtérieure de quelque temps à celle des baſtions.

Nous ſupplions nos Généraux, Commandans, égaux ou inférieurs au Service, de n'attribuer la longueur de cette note & des précédentes, qu'à la vraie ſatisfaction de nous entretenir avec eux & de les conſulter ſur ce qui les intéreſſe. C'eſt à leurs lumieres que nous allons ſoumettre cette lettre écrite il y a quelques années à un homme puiſſant, qui n'auroit peut-être pas ſi étrangement ou ſi cruellement fruſtré les eſpérances que la Patrie fondoit ſur ſon élévation, s'il n'y étoit parvenu trop tard, & dans le temps où ſes facultés intellectuelles ſe reſſentoient du dépériſſement de ſon Phyſique.

MONSEIGNEUR,

Le Général-Miniſtre, qui a fait reſpecter les armes Françoiſes en temps de Guerre, ſaura rendre à l'état Militaire en tems de Paix, (1775) la conſidération que l'opulence envahit tous les jours, & s'arroge excluſivement. Cette contagion, plus funeſte encore dans notre état que dans les autres (b), a gagné les

(b) Ce ſentiment s'eſt trouvé conforme à celui de l'Auteur & du Commentateur des Mémoires attribués au feu Comte de Saint Germain. Malheureuſement pour l'Etat & pour lui-même, ce Miniſtre mélancolique & miſantrope eut le malheur de ne pas croire à la vertu, à prendre ce mot dans ſa véritable acception. Croire tous les hommes bons, les croire tous méchans, ſont deux extrémités également préjudiciables.

Les définitions, diſoit le ſage Loke, empêchent les diſputes. Par vertu, nous entendons un penchant inaltérable à la bienfaiſance & à la juſtice, une diſpoſition ſincere & conſtante à conformer ſes déſirs, à ſubordonner ſes gouts à ſes devoirs, à préférer le bien général à l'utilité particuliére, en un mot, un amour actif & éclairé de l'ordre & de la félicité publique. Cette régle de morale & de conduite conſtitue ſelon nous la plus haute & la véritable vertu; elle devient Religion quand elle eſt fortifiée par la conſidération d'une autre vie, ſanctifiée par l'eſpérance en Dieu, par le rapport de nos penſées & de nos actions à l'Être Suprême. Il ſuit de ce principe évident & inconteſtable que ſi ce n'étoit une abſurdité choquante & palpable, ce ſeroit une impiété noire, une atroce & vile calomnie de taxer d'irréligion quiconque eſpere en Dieu & croit à la vertu.

Par décence & reſpect nous nous abſtiendrons de parler des myſteres ineffables, des dogmes ſacrés, qui ne ſont ni de notre ſujet ni de notre compétence.....
Non tali auxilio, nec defenſoribus iſtis Tempus eget,

Boſſuet après avoir conſacré ſa vie à l'examen de ces profondeurs, s'écrioit que la foi la plus ſimple valoit mieux que les plus ſubtiles explications, Pour moi qui dois les révérer en ſilence, & ne pas imiter la témérité d'Oſa,

» On ne m'a jamais vu ſurpaſſant mon pouvoir,
» D'une indiſcrete main profaner l'Encenſoir.

Provinces. On semble même ne pas s'appercevoir que l'avilissement des grades inférieurs réjaillit jusques sur les plus relevés.

J'ai cru le moment favorable, Monseigneur, pour faire goûter le Mémoire ci-joint d'un Roi qui promet de faire les délices de toutes les classes de son peuple, & dont la jeunesse ardente au bien peut regénérer la Nation en prouvant que l'argent n'est pas la base & le mobile de tout. C'est peut-être l'énervement des mœurs modernes qui fait regarder ce métal comme le nerf de la guerre; & c'est aux bons Gouvernemens, ainsi qu'aux sages Particuliers, que M. Duverney disoit qu'on doit l'envisager comme moyen, mais non comme but.

Dans ce Mémoire, Monsieur le Comte, je ne traite qu'un petit objet, parce qu'il ne m'appartient sans doute pas encore de donner mes idées sur les grands; mais ce foible objet est susceptible de bien des conséquences faciles à saisir.

L'amour de l'ordre, autant que celui de ma profession, m'a dicté ces vues. Telle est, Monsieur le Comte, ma façon d'envisager les choses ou les chimeres de ce monde. Malheur au Pays & au temps où les hommes destinés au feu ne se repaîtront plus de fumée! Ces mêmes vues qui, pour être fort simples, n'en seront peut-être pas moins méritoires, auront vraisemblablement été proposées plus d'une fois. Mais toute vérité qui n'a pas encore produit son fruit, n'a point cessé non plus d'être neuve.

Ceci, Monsieur le Comte, n'est pas un vain prétexte pour vous rafraichir la mémoire des objets qui me sont personnels. Quand vous daignerez lire dans mon cœur, j'espere que vous n'y verrez point les souillures de l'égoïsme. Peut-être suis-je plus en garde que qui que ce soit contre les gens à projets. C'est par des services & non par des systêmes que je tâcherai de vous faire agréer avec quelque intérêt l'hommage de mon zéle. Ma jeunesse, bientôt écoulée, n'est pas encore insensible aux élans naturels, aux illusions ravissantes de l'enthousiasme patriotique & militaire; & l'honneur que je viens d'avoir d'être présenté au Roi, me flateroit moins si je n'en espérois la gloire de devenir utile au service de Sa Majesté.

Je suis avec un profond respect, MONSEIGNEUR, votre &c.

Suit le Mémoire.

» EN FRANCE,

» L'Homme d'Eglise & l'Homme de Robe ont encore la sagesse
» de paroître à la Cour dans leur costume. L'Homme d'épée
» rougit du sien. Sans assujettir le Militaire à porter l'uniforme
» ailleurs que dans les Camps & les Garnisons, ne peut-on pas
» du moins le guérir de l'inconséquente manie de mépriser lui-même
» l'habillement de son propre état? Ne peut-on pas l'accueillir partout
» aussi bien sous ce noble vêtement que sous l'habit le plus riche?
» Et si quelque chose pouvoit mêlanger la juste satisfaction du Gen-
» tilhomme, qui, pour la premiere fois, a l'honneur d'être pré-
» senté au Roi, ne seroit-ce pas l'inconcevable obligation de dépouiller en
» ce beau jour la marque caractéristique d'une des professions les plus
» analogues à sa naissance, & à son dévouement pour Sa Majesté?

« L'influence de ces petites choses fur les grandes, leur
« rapport mutuel, la chaîne qui les lie toutes, eſt aſſez ſenſible pour
« juſtifier cette obſervation. Un Ordre, un Corps, une Pro-
« feſſion quelconque dont le ſigne extérieur eſt avili, perd néceſ-
« ſairement de ſa conſidération réelle. Ce n'eſt pas à la Cour de
« Louis XVI qu'un Officier doit cacher ſon état comme un
« Gentilhomme qui navigue fur un Vaiſſeau Marchand, eſt réduit
« à cacher ſa nobleſſe. Sous ce ſage & auguſte Maître, la livrée
« du luxe, loin de conſerver une ſcandaleuſe ſupériorité, ne
« jouira ſans doute que (c) d'une ſimple tolérance ; la richeſſe
« altiere ceſſera de fouler la probité ſouffrante, l'or n'éclipſera
« plus le grade, & l'émulation tendra moins aux graces pécuniai-
« res qu'aux récompenſes honorifiques ».

Un Sujet fidele, un zélé Patriote, un Militaire iſſu d'an-
« cienne Chevalerie, ſeroit-il indiſcret ou coupable d'oſer, avec
« la plus reſpectueuſe confiance, adreſſer ce langage ingénu au
« Succeſſeur de Philippe-Auguſte & de Henry IV, au digne héritier
« de ces grands Rois, dont la magnificence Françoiſe n'imitoit point
« le faſte Aſiatique, & qui s'entouroient en temps de paix de la
« même Nobleſſe qui les preſſoit un jour de bataille ? «

C'eſt décréditer l'Inſtruction, que paroître la donner quand on a beſoin
de la recevoir. Ainſi nous oppoſerons la digue de la prudence au torrent
d'idées que l'amour de notre profeſſion nous ſuggere. Adhérent
à cette maxime de l'Athénien Chabrias, qu'un Armée de cerfs,
commandée par un lion, eſt plus redoutable qu'une Armée de
lions, conduite par un cerf, nous avons penſé, qu'en exerçant
les bras, il falloit encore former les têtes, & que la Pruſſe
devoit ſes ſuccès autant à l'habileté pas aſſez reconnue de ſes
Généraux, qu'à la diſcipline trop exaltée de ſes Troupes. En
croyant qu'un Chef devoit tenir le milieu entre la foibleſſe & la
dureté, qu'il pouvoit ſe diſpenſer d'être le Maître-d'Hôtel de
ſon Corps, mais non d'en être le pere & l'ami, qu'à la fermeté
qui ſoumet les eſprits, il devoit joindre la politeſſe & la modeſtie
qui gagnent les cœurs; nous proteſtons n'avoir eu que des
vues très-pures, très-dégagées de toute perſonnalité, de toute
application maligne. On nous a toujours vus également éloignés
de l'amertume du frondeur & de la baſſeſſe de l'adulateur.

Rendons juſtice à nos voiſins, ſans nous avilir au point de les
contrefaire indiſtinctement en tout. Reſſemblons aux anciens Romains, qui, plus d'une fois, ont copié les Gaulois nos ancêtres;
mais qui, ſans altérer l'eſprit National, ſavoient y adapter les
bonnes méthodes qu'ils empruntoient des étrangers.

De même que la ſaine Politique & la ſcience du Gouvernement
ne conſiſtent point à changer l'eſprit d'un Peuple, mais à bien ap-

(c) Ce n'eſt que depuis le bouleverſement & la confuſion que le ſyſtême de
Laſſ a cauſé dans les mœurs, les opinions, les rangs, les alliances & les
fortunes, que des Auteurs de poids ont été faire l'apologie du luxe, qui
n'eſt qu'un excès de dépenſes ſtériles ou qu'une grande diſproportion des
jouiſſances, des conſommations, & de l'éclat avec les places, la naiſſance,
& le revenu. On a ſouvent plaiſanté mais jamais détruit les calculs évidens
& profonds, par leſquels les Economiſtes & d'autres écrivains qui n'ont de parti que
celui de la vérité ou du moins de la plus grande vraiſemblance, démontrent
que ce fléau politique & moral n'eſt que le maſque & non la cauſe de
l'aiſance, l'abus & non l'ame de l'induſtrie & du commerce, & qu'il dérange
cinquante perſonnes pour en enrichir quatre, en affame deux mille
pour en faire ſubſiſter cent.

profondir cet (d) efprit, à tirer tout le parti poffible du caractere
National; de même auffi l'habilité d'un Chef de Corps & de tout
Officier en général fur ce qui concerne la connoiffance & le
choix des hommes, confifte à étudier les qualités de ceux qui
dépendent d'eux, à tourner l'application de chaque individu vers
les objets auxquels il montre le plus d'aptitude; à fe reffouvenir
fur-tout que dans un inférieur jeune ou réfervé, rien de plus compatible
que la timidité des manieres avec le courage de l'ame, & que
celui qui n'eft pas flétri par l'abaiffement & le malheur, ne
s'énivrera point de l'élévation & de la profpérité.

Il eft donc indubitable, qu'excepté les fonctions ordinaires, les obligations générales, les devoirs indifpenfables, en un mot, ce qui s'appelle
le courant du métier, tout le refte dépend, pour le plus grand bien
du fervice, du talent d'un Chef à connoître les hommes & à les
employer. « Je veux, difoit Tay-Tfoung, Empereur de la Chine,
» je veux être le pere de mon Peuple. Les Hommes font tous
» bons à quelque chofe; il ne s'agit que de difcerner leur talent
» & le pofte qui leur eft propre ».

Comme il eft bon quelquefois d'aiguillonner l'amour-propre des
individus pour éveiller leur induftrie, nous dirions volontiers à
plufieurs Subordonnés, qu'entre n'être propre qu'à une chofe &
n'être propre à rien, il n'y a fouvent guere de différence que
dans les mots. Mais, par une conféquence du même principe,
nous foutiendrons aux Chefs que c'eft leur affaire de démêler cette
chofe unique, à laquelle eft propre celui qui leur (e) obéit.
Il eft trop vrai que la plupart des Sujets dont on dit vulgairement
qu'ils ne font bons à rien, ne deviennent véritablement tels à la
longue, que par la faute des Supérieurs qui n'ont jamais fçu ou jamais voulu les charger de rien à quoi ils euffent été bons.
Quelle ne feroit pas la méprife d'un Général, qui d'un Deffina-
teur voudroit faire un Tacticien, d'un Artilleur un Partifan, &c.
& pour nous renfermer dans les détails proportionnés à notre
grade, que diroit-on du Commandant d'une Troupe de
Cavalerie qui chargeroit fpécialement de la caiffe l'Officier qui
n'auroit de connoiffance que fur la ferrure; qui recommanderoit
rigoureufement l'hyppoftéologie à celui dont le goût & l'attention

---

(d) Voy. Montefq. Efpr. des Lo. Liv. 19. La Font. dans fa Fable du
Lion s'en allant à la Guerre; & l'Abbé de Condillac, dans nombre de paffages
du *Cours d'Étude*. Et vous jeunes Princes, qui me pardonnerez en faveur du
motif, la témérité de vous avoir dédié cet Opufcule, vos ames fe nourri-
ront de bonne heure des céleftes maximes du Télémaque, de ce Livre incompa-
rable, dont l'immortel Auteur mérite parmi les modernes l'épithete de *Divin*,
que l'antiquité donnoit aux Homere & aux Platon. Dans cet ouvrage enchan-
teur & fublime écrit par les graces & dicté par la vertu, font tracées avec
autant d'onction que de nobleffe, toutes les leçons convenables à toutes les
circonftances, à tous les ages, à toutes les conditions; mais fur-tout à votre
augufte rang. Vos Mentors, favent mieux que perfonne comment l'éducation
prépare, affure, ou facilite au corps, adreffe, force, agilité; à l'efprit,
culture, jufteffe, étendue; au cœur, énergie, droiture & fenfibilité.

 Aggredere, ô magnos, aderit jàm tempus, honores,
 Cara Deûm foboles.

(e) Quelques rebutantes que paroiffent les fautes, ou l'incapacité d'un fujet,
ne défefpérez jamais de fon efprit ni de fon cœur, fi vous lui connoiffez
un petit nombre de finceres & eftimables amis, de *vrais amis*. Telle eft je
crois, la pierre de touche du mérite de l'humanité.

 Amitié! doux penchant des humains vertueux,
 Le plus beau des befoins, & le plus faint des nœuds,
 Le Ciel te fit pour l'homme & fur-tout pour le fage.
    M. l'Ab. de Lille.

fe fixeroient de préférence fur l'exercice & la fcience des manœuvres? Si l'on tranfporte chaque individu hors de fa fphere,
fi au lieu de mettre à profit la capacité d'un homme, on s'amufe
à difcuter ce qu'il n'a pas & ce qu'il devroit avoir mieux, il eft
évident, qu'après baucoup de peines, de tracafferies & de méconten-
tentemens, on ne fera encore rien qui vaille. Eh! pourquoi
ne pas aider la nature, au lieu de la forcer? Quand vous la
chafferiez à coups de fourche, difent Horace & la Fontaine, elle
reviendroit encore. Sans doute qu'un Chef agit fagement d'exciter
l'émulation parmi les Officiers, de leur infpirer le défir de fe
rendre propres à toutes les Parties de leur état, & d'en converfer
fréquemment avec eux. Mais cela ne fuffit pas; il faut de plus
qu'il regarde avec des yeux de Linx, qu'il pénétre, qu'il décou-
vre la portée de chacun, le genre auquel il s'attache le plus &
fe difpofe le mieux : femblable à ces Economes prudens qui, dans
la conduite d'un ménage ou d'une entreprife, affignent à chaque
Travailleur fon diftrict, & fecondent les vues du Maître, en
occupant les Serviteurs avec choix & difcernement.

L'attention du Supérieur fur le fubalterne, relativement à l'objet
que nous envifageons, doit fe continuer gradativement jufques fur
le Soldat. De plus, un Officier de quelque grade qu'il foit, pour
peu qu'il ait de lumieres, jettera de temps en temps un coup d'œil
général, mais exact, fur tout ce qui eft au-deffous de lui. Cette
vigilance falutaire préviendra le défordre, les abus, l'erreur,
les injuftices.

Terminons cette multitude de digreffions & de remarques par une
obfervation, qui tient particuliérement à notre maniere de voir &
de fentir. Malgré l'importance que l'intérêt bien entendu de l'état
nous fait attacher à la profeffion de le défendre, profeffion dont
les premiers emplois nous paroiffent naturellement dévolus, & fpécialement propres à la Nobleffe, nous favons rendre juftice à ces
Seigneurs modeftes, à ces Gentils-Hommes cultivateurs & bien-
faiteurs, qui, tels que le *Volmar* de J. J. R., le *Laval*, de M.
Marmontel, le *Candor* de Favart, préferent la fageffe paifible &
fructifiante de la vie patriarchale & champêtre au tumulte, au fafte,
& aux intrigues (a) de l'ambition.

.... Cereris funt omnia munus.

C'eft du fein de Cerès, que naiffent tous les biens.

(f) Dans les Païs d'Etats & d'Affemblées Provinciales, Païs où le Sujet anno-
blit la foumiffion & rend hommage à l'autorité, en coopérant par lui-même ou
par des Repréfentans de fon ordre & de fon choix, à l'adminiftration de la chofe
publique; dans ces heureufes Provinces le Gentilhomme jouit, par le feul droit
de fa naiffance, d'un avantage indépendant de l'acceffoire de la fortune & des emplois. C'eft-là que de concert avec la dignité du Gouvernement & l'utilité des
peuples, la Nobleffe poffède, au moins par intervalles, une vraie repréfentation,
tandis que fouvent à la Cour, (à moins que d'y occuper de grandes places),
elle n'étale qu'une vaine & futile oftention.

Voilà cent vingt-huit ans qu'à la fuite des querelles avec un Miniftre Italien,
les Etats de Normandie demeurent fufpendus au grand regret d'une Nation
polie, docile, active, induftrieufe & brave; d'une Province digne d'apprécier
le mérite de fes Souverains, & qui n'a pas applaudi la derniere aux premiers
traits de la juftice, de la fageffe & de la bienfaifance de notre jeune Salomon.
C'eft le berceau des Hauteville, Harcourt, Trie, Beccrefpin, le Veneur, Otmont, Montfort - Bertrand-Briquebec, Malet-Graville, Martel, Betencourt, Trie, Alain

Entr'autres paſſages de bons Livres qui nous ſerviroient d'auto-
rités, s'il en falloit ici, nous citerions celui-ci, tiré des *Elémens
de la Politique* de M. le Comte de Buat, « Je ferois même

Blanchart, Eſtouteville, Pauluier-Gonneville, Duqueſne, Coſtentin-Tourville,
Hennuier, Diel-du-Parquet-de-Nambuc, Huet, Bochart, la Roque, le Fevre,
Ségrais, Sarrazin, Malherbe, Varignon, Corneille, Eudes-Maizerai, Daniel, Caſtel-
Saint-Pierre, Dufour-Longuerue, Marquetel-Saint-Denis-S. Evremont, Baſnage,
Launoi, Bouvier-Fontenelle, Pouſſin, Anfrie-Chaulieu, le Cat, & de beaucoup
d'autres Illuſtres en tous genres. L'éloge de ce païs fertile en grands hommes &
en bonnes productions, eſt ici d'autant moins ſuſpect de partialité que ni l'Auteur
ni ſes enfans, n'y ont reçu le jour. D'autres nœuds, ſans l'arracher à cette Province, l'attachent à deux autres. L'une très-célèbre par les premiers exploits de
l'Héroïne de Vaucouleurs, a vu naître les Suger, d'Orléans, Fougeu, Lau-
beſpine, Amelot, Boëce, la Taille, Hurault, Petau, Du Moulin, Lamirault,
Hubert, Prunelé, Bongars, le Maire, Pothier, Jouſſe, Petit, d'Allonville- Lou-
ville, Colardeau, Lenfant, Laureault-Foncemagne, &c. &c. L'autre fut la Patrie
des Rohan, Rieux, Gueſclin, Beaumanoir, Cliſſon, du Châtel, la Noue, Budes-
Guébriant, Coëtlogon, Dugué-Trouin, Abelard, d'Argentré, Tournemine, Hai-
du-Châtelet, Hevin, le Sage, Hardouin, Lobineau, Bougeant, Pezron, Mahé-
Bourdonnais, Moreau-Maupertuis, Pinot-Du-Clos, Bouguer, la Bleterie. Poul-
lain-Sain-Foix, Montaudoin, &c. &c, Nous avons même encore formé des liens
aſſez forts avec le païs des Jaucourt, Damas, Saulx-Tavannes, Thiard, Languet, Boſſuet, Saumaiſe, Bouhier, la Monnoie, de Broſſes, Rameau, Piron....Ah ! s'il convenoit
de parler des vivans, le nom du Pline François couronneroit cette Liſte,
   Lecteur qui trouverez ces excurſions un peu vagabondes, daignez vous ſou-
venir des premières lignes de l'Avis préliminaire ; elles vous diſpenſeront de lire
ces notes, on vous diſpoſeront à les pardonner.
   Et d'ailleurs où ſeroit le crime d'épier & de ſaiſir, autant que notre ſujet le
comporte, toutes les occaſions de retracer quelques-uns des noms qui honorent
la Patrie & l'humanité ? C'eſt l'eſprit de pluſieurs de ces notes. Quoique trop
éloignés d'atteindre & même de prétendre à la gloire, nous ne ceſſerons de la
chérir & de la reſpecter dans ceux qui s'en ſeront rendus dignes. Sans répéter
ici ce que nous avons écrit ailleurs en Proſe & en Vers, ſur ce ſujet, bien tait
pour éveiller l'imagination de tout être penſant & ſenſible, nous renverrons à
l'excellent article *Gloire*, fourni par M. Marmontel à l'*Encyclopédie*, & réimprimé
à la ſuite du *Beliſaire*. La vraie Philoſophie, dit M. d'Alembert, « ne conſiſte
» point à fouler aux pieds la gloire, encore moins à la dire ; mais à n'en pas
» faire dépendre ſon bonheur, même en tâchant de la mériter ».
                  Contemptâ famâ virtutes contemnuntur. TAC.
   Il eſt une fauſſe gloire qu'il eſt juſte de fuir autant qu'il eſt beau de rechercher
la véritable, & qui eſt à celle-ci ce que la duplicité eſt à la circonſpection, la
chicane à la Juriſprudence, la débauche à l'amour, la ſuperſtition à la religion.
C'eſt pour ne pas s'y méprendre que nous définirions la gloire, une réunion d'eſtime, de renommée & d'admiration, fondée ſur des qualités à la fois ſages, bril-
lantes & utiles dans celui qui l'obtient. Ainſi, très-indubitablement, penſoient
Seneque & Hume, puiſque ſelon le premier, la gloire accompagne la vertu
comme ſon ombre, & que ſuivant le ſecond, aimer la gloire que procurent les
actions honnêtes, c'eſt aimer ces actions-là même.

> Già non laſciammo i dolci pegni, e'l nido
> Nativo noi (ſe l' creder mio non erra).
> Ne la vita eſponemmo al mare infido,
> Et a i perigli di lontana guerra,
> Per acquiſtar di breve ſuono un grido
> Vulgare, e poſſeder barbara terra :
> Che propoſto ci havremmo anguſto, e ſcarſo
> Premio, e in danno de l'alme il ſangue ſparſo,

> Queſto Campo, ò fratelli, ove hor noi ſiamo
> Fia Tempio ſacro ad immortal memoria,
> In cui l'eta futura additi, e moſtri
> Le noſtre ſepolture, e i trofei noſtri.

Gieruſ. liber.: Cant. I. Str. 22, e Cant. VIII. Str. 15,

Juſqu'où nous a conduits une remarque qui paroiſſoit ne devoir occu-

» fâché que, dans chaque génération, tous les Nobles fussent à
» la fois Guerriers. J'y voudrois des non-valeurs pour empêcher l'excès
» de l'esprit Militaire, & afin aussi que les familles se succédassent,
» & se refissent alternativement de sujets & de biens.…. Il peut
» arriver qu'un seul homme paie pour deux ou trois générations »,
Homme & Citoyen, nous sacrifierons toujours les petits intérêts
de Corps, de profession, de famille & d'amour-propre aux grandes
vues de patriotisme & de socialité.

C'est avec les ménagemens que la vérité, d'accord avec la décence,
exige pour les Ordres, les Corps, les Familles & les Citoyens,
c'est avec le désir pur de servir nos semblables sans humilier ni
flater personne, que nous avons repoussé dans d'autres ouvrages
les invectives & les déclamations que se permettoient contre la
Noblesse & le Militaire quelques Ecrivains, d'ailleurs estimables,
mais qui, prenant ici l'abus pour la chose, & l'exception pour la
régle, sembloient oublier premiérement [a] que l'égalité absolue
n'est pas moins chimérique que la parfaite ressemblance ; en second
lieu que, tant qu'il existe des loups, il faut des chiens pour
garder le Troupeau. Fortifiés par la bonté de notre cause contre
la supériorité de leurs talens, nous croyons les avoir pleinement
réfutés sans aigreur, sans arrogance & sans pusillanimité. Nul
Auteur ne devroit prendre la plume que son cœur ne fût pénétré de cette belle maxime de M. Diderot, *C'est toujours la vertu,
& les gens vertueux, qu'il faut avoir en vue quand on écrit.*

Ainsi, ne fomentons jamais ces rivalités offensantes & insensées
entre des conditions & des professions qui doivent fraterniser
entr'elles comme les Hommes qui les composent, sans jamais
attaquer l'aînesse morale & civile aussi convenable à la Société,
que l'aînesse physique est nécessaire dans la Nature. En voyant
d'un œil de mépris ou de pitié le *Diego* qui voudroit toujours
prêcher ; le *Dom Quichotte* qui voudroit toujours se battre ; le
Dandin, qui voudroit toujours juger ; ne cessons de considérer
le but de tous les Etats, & de respecter le Sage par-tout. Dans le
Sacerdoce, à l'exemple des Montazet, de Lyon ; Bernis,

per que dix lignes ! Au reste, en considérant à quel point les idées, les réflexions
les vérités se tiennent & se touchent, on sera moins surpris de l'étendue & de
la variété de cette sous-note. Lecteur, vous étiez prévenus de cette licence ou
liberté, de cette suite ou de ce désordre, de ces enjambemens ou rapprochemens.
Par vous sera prononcé l'Arrêt qui les jugera : *Regula peccatis quæ pænas irroget æquas.*

(g) Par-tout où régne l'inégalité de fortune, celle de naissance également
fondée sur le droit sacré de propriété, forme le meilleur contrepoids &
le meilleur frein. Les apologistes de l'esclavage ne censurent peut-être la
Noblesse que parce qu'elle en est l'opposé. *O miseras hominum mentes!* Tantôt c'est
un Bourgeois Créole, qui traitant ses Négres plus durement que des brutes, s'irrite de
ce que le Gentilhomme n'est pas au niveau du paysan. Tantôt c'est un sophiste
engoué sans restriction de la prétendue félicité spartaine, malgré la condition
des Ilotes, & la tyrannie des Ephores ; d'autres se courbent devant
les grands, se prosternent devant les riches, & comme l'ane de la
Fable envers le Lion malade, insultent le Gentilhomme sans fortune & sans
crédit, bien qu'ils n'ignorent pas que la postérité des premiers Seigneurs, peut un
jour descendre à la position, non pas honteuse, mais obscure, de ce simple Gentilhomme dont les ancêtres ont quelquefois tenu le rang le plus élevé. *Heu fuerunt
Troës!*
L'instruction pour le Code de Russie, publiée en 1767 par ordre de l'Impératrice
Catherine II, établit au Chap. 20 des maximes bien conformes à nos idées sur
la Noblesse.

d'Alby; d'Apchon, d'Auch; Loménie, de Touloufe; Boisgeflin;
d'Aix; Themines; de Blois; Coetlofquet, de Limoges; Noé de
Lefcar, & de tous ceux qui favent repandre, par leurs œuvres,
leurs difcours & leurs écrits, l'onction de la Saine Doctrine, il
combattra les péchés, les erreurs & les vices, fans emportement,
perfécution ni haine contre les foibles. Aux champs de bataille, ainfi
que l'élite du militaire François, pour qui des actes de barbarie
& d'oppreffion ne feroient pas moins exécrables que le vol & la
lâcheté, il immolera fon ennemi, en ne maudiffant que la guerre.
Sur les Tribunaux, femblable aux Lamoignon, d'Agueffeau, d'Ormeffon,
la Chalotais, le Berton, Servant, Blanc de Caftillon, & à tous les
Défenfeurs intégres des Loix & de l'équité, il jugera les plai-
deurs & condamnera les coupables, en ne détestant que la chicane & le crime.

» *Humani nihil à fe alienum putat.*

» Jufte & bon, rien d'Humain n'eft étranger pour lui

F I N.

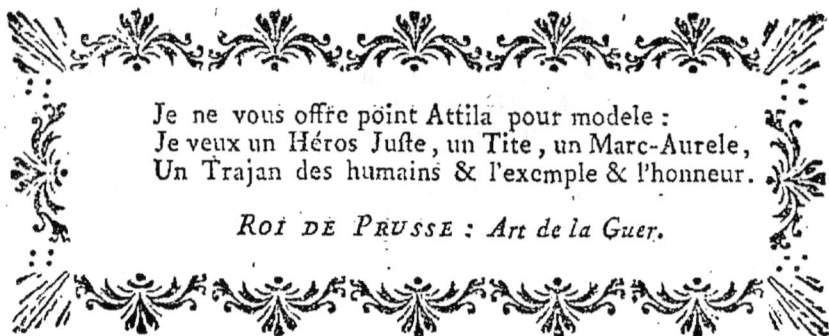

Je ne vous offre point Attila pour modele :
Je veux un Héros Jufte, un Tite, un Marc-Aurele,
Un Trajan des humains & l'exemple & l'honneur.

ROI DE PRUSSE : Art de la Guer.

Si la vertu, le courage, & par conféquent les paffions dont
les Soldats font animés, ne contribuent pas moins au gain des batailles que l'ordre dans lequel il font rangés; un Traité fur l'art de
les infpirer, ne feroit pas moins utile à l'inftruction des Généraux
que l'excellent Traité de l'illuftre Chevalier Folard, fur la Tactique.
HELVET. de l'Efpr.

Ceux qui voudront nous lire, fauront nous fuppléer.
» Le fecret d'ennuyer eft celui de tout dire.

*Permis d'imprimer à Rennes, ce 14 Décembre 1781. DE LA MOTTE-
FABLET, Lieutenant-Général de Police.*

ANNOTATION.

Il étoit difficile, pour ne pas dire impoſſible de parler Militaire ſans parler Nobleſſe. Le lecteur ne nous ſaura peut-être
pas mauvais gré de l'attention ſcrupuleuſe, avec laquelle nous
avons combiné, reſpecté les droits & les avantages de tous les
Ordres, & de tous les états. Nous reconnoiſſons leur fraternité ſans méconnoître leurs différences; nous avons fait ſentir l'unité
de la Nobleſſe ſans en confondre les nuances; enfin nous avons marqué
les prérogatives de l'ancienneté, l'élévation des emplois, la décoration
des titres, l'illuſtration des ſervices, la diſtinction des alliances, tous
moyens de liaiſon & de compenſation entre les diverſes claſſes de ce ſeul
& même Corps. Nous avons combattu dans un autre ouvrage, avec
les ménagemens de la décence & la force de la vérité, les aſſertions
erronées de quelques Ecrivains contre l'antiquité de cette inſtitu-
tion, antiquité ſi bien reconnue du ſavant M. Court-de-Gebelin,
dans le 8ᵉ volume du *Monde Primitif*. Nous y avons ſur-tout expoſé des plans, qui, ſans favoriſer la fraude ou l'uſurpation, prévien-
droient certains abus vexatoires, par leſquels il en coûte quelquefois plus à l'ancienne Nobleſſe pour ſe conſtater, qu'à la nouvelle
pour s'acheter; par leſquels la preuve des morts conſume la ſubſiſ-
tance des vivans; par leſquels enfin, l'on riſque ſouvent d'humilier
ou d'indigner la poſtérité de cette loyale Chevalerie, qui manioit
plus ſes armés que ſes parchemins.

Par envie, par ignorance, ou par inconſidération, trop de frondeurs
confondent les principes qui forment la baſe de la ſociété avec les
préjugés qui en ſont le fléau. Dans tout état qui n'a pas admis l'égalité des conditions & la communauté des biens, il importe à l'ordre,
au repos, & à la juſtice d'enviſager du beau côté la ſource des
propriétés civiles. Et pour y étouffer les funeſtes germes de l'envie,
de la diſcorde & de la révolte; on doit y conſidérer généralement
la fortune comme le fruit du travail, de l'intelligence, & d'une
ſage économie; la nobleſſe comme le prix de l'héroiſme, des talens
ſublimes, & des grands ſervices. Un Gouvernement ſage préviendra
la trop grande multiplication de celle-ci, comme il réprimera les
richeſſes mal acquiſes.

[« Le beau, s'il eſt commun, perd toujours de ſon prix. » VOLT.

ERRATA.

PAGE 3, ligne 30, *eurs*, lifez *leurs*. Page 16, ligne 5, en remontant, *Cenfeur*, lifez *Magiftrat*. Page ij, ligne 34, *Bochetel*,
lifez *Boterel*. Page iij, ligne 5, en remontant, après *Carabiniers*
ajoutez *avec rang de Meftre de Camp*. Page iv, ligne 3, à ces mots, *caufe
de duel*, lifez en fous-note, *Voyez notre article Duel, au T. 16, de la
Bibliotheque de l'Homme d'Etat*, pages 661-664. (En voici l'*errata* pour
ne rien laiffer échaper ici de ce qui nous paroît intéreffer le Militaire. Page 662, ligne 20, *difcuterions-nous*, lifez *difcuterons-
nous*. Page 663, ligne 2, *lui*, lifez *Loi*. Même page, ligne 6,
en remontant, *eft*, lifez *&*). Page ix, ligne 23, *auprès lui*. lifez
auprès de lui. Page x, ligne 17, *Supérieurs & Subalternes*, lifez
Supérieurs, Subalternes.

L'Auteur n'a pu demander de Cenfeur à Paris, parce qu'il étoit
pour le moment éloigné de cette Capitale, & que fa pofition l'eût
empêché de veiller à l'impreffion du Manufcrit, lorfqu'on le lui
auroit renvoyé. D'un autre côté, les Réglemens de la Librairie
lui défendoient de remplir trois feuilles entieres, s'il n'étoit pourvu que d'une fimple permiffion de Province. Quoique fon Opufcule, dédié à trois Princes du Sang, ne foit pas de nature ou
de tournure à inquiéter le plus légérement, en façon quelconque, ni le Gouvernement ni les Particuliers, il auroit agi contre
fon devoir & fon caractere, s'il eût paru compromettre le moins
du monde, foit le Magiftrat qui s'eft donné la peine d'examiner
le Manufcrit, foit l'Imprimeur auquel il a infpiré la confiance de le
mettre fous preffe. Ces motifs déterminans ont néceffité la petiteffe &la
variation du caractere, & quelquefois le refferrement, ou même l'étran-
glement de la compofition, bien qu'il y foit entré plufieurs
centaines de noms cités avec honneur. D'ailleurs, on n'a tiré qu'n
très-petit nombre d'exemplaires ; & fi par hafard il s'en vend, ce
fera, malgré leur rareté, à un prix fi modique, qu'on reconn-
noîtra facilement, qu'aucune ombre de vue pécuniaire ne mélange
la pureté des juftes intentions de l'Auteur. Quiconque tâche de
cultiver à la fois les Mufes & Bellone, doit mériter au moins
l'indulgence du Public, en appliquant à l'Art d'écrire ces vers
qu'un Poëte-Guerrier a faits fur l'art de vaincre.

Non ce bel Art n'eft point un métier mercénaire,
La gloire en eft l'objet, & l'honneur le falaire.
Mis D. M.

P. S. N'étant pas à portée de revoir les dernieres épreuves, il pourra nous
échapper d'autres légers Errata, que le Lecteur fuppléera facilement.

Cette Brochure pourra fe relier à la fuite des *Nouvelles Conftitutions Militaires*, & l'on a obfervé le même format pour la com-
modité de ceux qui poffédent ce Livre du Comte de Vair.

De l'Imprimerie de NICOLAS-PAUL VATAR, Imprimeur de Noffeigneurs
les Etats de Bretagne, 1782.

www.ingramcontent.com/pod-product-compliance
Lightning Source LLC
LaVergne TN
LVHW022039080426
835513LV00009B/1147